Os dois primos nobres

Os dois

William

Shakespeare

primos

Tradução: **José Roberto O'Shea**
Universidade Federal de Santa Catarina

Introdução: **Marlene Soares dos Santos**
Universidade Federal do Rio de Janeiro

John

Fletcher

nobres

ILUMINURAS

Copyright © 2017 desta tradução
José Roberto O'Shea

Copyright © desta edição
Editora Iluminuras Ltda.

Capa
Eder Cardoso / Iluminuras

Revisão técnica
Marlene Soares dos Santos
Universidade Federal do Rio de Janeiro

Revisão
Márcia Regina Pereira Sagaz

CIP-BRASIL. CATALOGAÇÃO NA PUBLICAÇÃO
SINDICATO NACIONAL DOS EDITORES DE LIVROS, RJ

S539d

Shakespeare, William, 1564-1616
  Os dois primos nobres / William Shakespeare, John Fletcher ; tradução José Roberto O'Shea ; introdução Marlene Soares dos Santos. – 1. ed. – São Paulo : Iluminuras, 2017.
  200 p. ; 23 cm.

  Tradução de: The two noble kinsmen
  Inclui bibliografia
  ISBN: 978-85-7321-xxx-x

  1. Shakespeare, William, 1564-1616 2. Poesia inglesa 3. Teatro inglês (Literatura). I. Fletcher, John. II. O'Shea, José Roberto. III. Título.

17-39940   CDD: 822
                                CDU: 821.111-2

2017
EDITORA ILUMINURAS LTDA.
Rua Inácio Pereira da Rocha, 389 — 05432-011 — São Paulo — SP — Brasil
Tel: (11)3031-6161 / Fax: (11)3031-4989
iluminur@iluminuras.com.br
www.iluminuras.com.br

Para Denise, minha prima nobre

SUMÁRIO

INTRODUÇÃO..9
Marlene Soares dos Santos

OS DOIS PRIMOS NOBRES
  Personagens...27
  ATO I...31
  ATO II...57
  ATO III..91
  ATO IV..135
  ATO V..159

REFERÊNCIAS..193

INTRODUÇÃO

Marlene Soares dos Santos
Universidade Federal do Rio de Janeiro

"Chaucer, tão admirado, doa a história,
Que em sua obra vive sempre em glória."

Os Dois Primos Nobres (1613-1614) é uma peça plena de peculiaridades. É das menos conhecidas de William Shakespeare (1564-1616) principalmente devido à sua ausência não só do *Primeiro Fólio* (1623), publicação que continha o que à época se pensava fossem as obras completas de Shakespeare, mas, também, de todos os Fólios subsequentes no século XVII (1632, 1663 e 1685). Em 1664, a peça reaparece no palco, mas adaptada por William Davenant (1606-1608) com o título de *Os Rivais*, e só volta a ser representada em 1928, iniciando então uma trajetória teatral bastante curta, sendo a menos encenada das peças de Shakespeare. A rigor, essa peça *sui generis* não se enquadra em nenhuma das divisões tradicionais do cânone shakespeariano — comédias, tragédias e peças históricas — e se encontra colocada em uma categoria independente de gênero, mas dependente da época da escritura, a das "peças tardias", sendo a mais tardia de todas.[1] Também se destaca por algo raro no drama da época em que dramaturgos, inclusive o próprio Shakespeare, buscavam inspiração em obras de diversos autores e não os nomeavam; o prólogo de *Os Dois Primos Nobres* claramente revela a sua fonte — Geoffrey Chaucer (*c*.1340-1400) — como atesta a epígrafe. A dificuldade inicial dos críticos em aceitar que a peça havia sido escrita em colaboração com outro autor e o seu enredo basicamente ancorado nas convenções dos romances medievais de cavalaria contribuiriam para a sua pouca popularidade entre os espectadores de tempos mais modernos. Entretanto, outros aspectos da peça

---

[1] As peças escritas entre 1607 e 1613 ou 1614: *Péricles, Príncipe de Tiro* (1607-1608), *O Conto do Inverno* (1609-1611), *Cimbeline, Rei da Britânia* (1610), *A Tempestade* (1611), *Cardenio* (1612-1613), *Henrique VIII* (1613) e *Os Dois Primos Nobres*.

como a discussão da sexualidade encontraram eco em novas atitudes culturais, e atualmente, tanto a academia como o teatro a estão resgatando da sua relativa obscuridade. Vale ressaltar que *Os Dois Primos Nobres* foi selecionada pela Royal Shakespeare Company, entre todo o cânone, para inaugurar o Swan Theatre, em Stratford-upon Avon, em 1986.

A AUTORIA COMPARTILHADA

Os Dois Primos Nobres aparece registrada para ser publicada e o foi, pela primeira vez, em forma de in-quarto em 1634. Mais uma de suas peculiaridades é a de ter sido a primeira peça que coloca o nome de Shakespeare com o de outro colaborador no frontispício. Esse é John Fletcher (1579-1625), que já teria sido o seu coautor em *Cardenio* (perdida) e *Henrique VIII*. Os nomes dos dois dramaturgos oficialmente registrados como os autores e presentes nesta publicação são provas externas da autoria compartilhada que seria evidenciada internamente por uma série de estudos da linguagem da peça denotando a presença de dois estilos poéticos diferentes. O de Shakespeare é mais complexo, parecendo que "[...] nestes últimos anos, ele está simplesmente desafiando o seu público, não se importando em tê-lo como companheiro de entendimento." (KERMODE, 2000, p. 312). Além do estilo, outra prova da peça escrita a quatro mãos é a discordância na caracterização de Palamon e Arcite, do primeiro para o segundo ato, quando passam de críticos de Tebas a saudosos da pátria, que parece bem diferente de como foi descrita anteriormente na própria peça. Também o comportamento de Emília aponta para duas concepções conflitantes da personagem que se evidenciam no decorrer da trama, especificamente, na passagem do quarto para o quinto ato.

O consenso geral é que Shakespeare teria escrito: ato 1, ato 2.1, ato 3.1-2; ato 4.3 e ato 5.1, 3-4 e Fletcher teria se encarregado das outras cenas mais o prólogo e o epílogo. Digno de nota é o fato de todas as primeiras cenas, com exceção da do quarto ato, terem sido escritas por Shakespeare, o que pode sugerir algum método na divisão da escritura da peça já que as referidas primeiras cenas introduzem o enredo principal e o secundário. Entretanto, apesar de sabermos que a colaboração era uma prática comum entre os autores da época para suprir a grande demanda dos teatros por peças novas, desconhecemos como ela era realizada.

As provas da dupla autoria são mais facilmente evidenciadas na leitura do que na performance. As diferenças entre os dois estilos não são tão notadas quando se ouve os atores, que podem aclarar o entendimento das passagens mais difíceis por meio de signos não linguísticos como gestos e expressões faciais, e as contradições das personagens, Palamon e Arcite, no início da peça, já deverão ter sido absorvidas no decorrer do seu desenvolvimento. A autoria compartilhada de *Os Dois Primos Nobres* já está totalmente aceita pelos estudiosos da obra shakespeariana, tanto assim que três edições recentes — Oxford Series (1989), Third Arden (1997) e Folger Library (2010) — não só a reconhecem como trazem os nomes dos dois autores na capa (O'SHEA, 2015, p. 17).

O MOMENTO HISTÓRICO-TEATRAL

A morte de Elisabete I (1553-1603) encerrou o longo reinado da dinastia dos Tudors — iniciado com Henrique VII (1457-1509) em 1485 — e cedeu o trono aos Stuarts, com a ascensão de Jaime I (1555-1625) rei da Inglaterra e da Escócia (Jaime VI) concomitantemente. Percebendo o poder do teatro em uma época carente de meios de comunicação, uma das primeiras providências do novo rei foi atrair para a corte o patrocínio dos grupos teatrais. Entre essas companhias, a de maior prestígio era a de Shakespeare, que passou a ser patrocinada pelo novo monarca e a ser chamada de "King's Men" (Companhia do Rei). As outras foram igualmente favorecidas pela rainha Ana, o príncipe Henrique, o príncipe Carlos e a princesa Elisabete, de maneira que todas as companhias licenciadas para representarem em Londres e na corte eram patrocinadas por um dos membros da família real.

Passados os primeiros momentos de entusiasmo pelo novo rei, que viria resgatar as grandes esperanças nutridas pela decadência dos últimos anos do reinado de Elisabete I, as desilusões que se seguiram com os desmandos da corte, as rivalidades entre ingleses e escoceses, a figura muito dogmática e pouco atraente de Jaime I fizeram com que o povo se sentisse atraído pelo carismático príncipe Henrique, sendo este o herdeiro do trono. O príncipe, entusiasta dos ideais cavaleirescos da era elisabetana, almejava se tornar um líder militante da causa protestante na Europa contrariando a política pacifista de seu pai e os seus esforços de paz com a católica Espanha. Entretanto, Henrique viria a falecer aos dezoito anos, em novembro de 1612, ano em que a sua irmã Elisabete deveria se casar com o príncipe Frederico de Heidelberg. Passado o luto, as núpcias se realizariam em fevereiro do ano seguinte. Segundo vários estudiosos, o final de

Os Dois Primos Nobres — combinando preparativos de um funeral seguidos de outros para um casamento — estaria relacionado com o drama da família real uma vez que a peça poderia ter sido escrita nessa época.

O teatro jaimesco assinala uma época de transição entre o que o precedeu e o novo que se instalava, representada respectivamente por Shakespeare, no final de sua carreira e Fletcher, no início da sua. A própria dramaturgia shakespeariana com as suas últimas peças intituladas pela crítica de "romances" — *Péricles, Príncipe de Tiro, O Conto do Inverno, Cimbeline, Rei da Britânia* e *A Tempestade* — já indicaria os novos rumos teatrais. A influência do patrocínio real, o aparecimento de um novo gênero teatral de origem italiana, a tragicomédia, introduzida na Inglaterra pelo próprio Fletcher[2], e as mascaradas da corte, encenações privilegiando cenários, espetáculos, canto, dança e poesia, influenciariam os novos repertórios.

Tais repertórios tinham que atender a um público cada vez mais urbano. Quando *Os Dois Primos Nobres* é descrita como "[...] obra de uma era saudosa da cavalaria e de ambição mercantil." (ABRAMS, 1989, p. 145) — baseada na análise do seu vocabulário e das suas metáforas, privilegiando "ganhos" e "perdas" — é porque ela é proveniente de uma Londres que estava crescendo com grande rapidez no início do século XVII. Esse crescimento era devido, principalmente, aos comércios interno e externo que propiciavam o aparecimento de uma nova classe abastada — a dos negociantes — que começava a influir nas atitudes sociais e nos valores culturais.

A corte e a cidade alteraram os cursos do drama: em relação à primeira, o crescimento de uma estética mais aristocrática com as consequentes mudanças éticas; em relação à segunda, o seu rápido desenvolvimento a tornou cada vez mais popular como fonte de inspiração e lugar das ações nas chamadas "city comedies" (BRUSTER, 1995, p. 285). Deve-se destacar, também, entre essas influências, a presença dos teatros privados, fechados, menores e elitistas, localizados no centro de Londres, como o Blackfriars (o antigo refeitório do convento dos dominicanos) diferentes dos teatros públicos, abertos, maiores e populares, como o Globe, situado na periferia da cidade. Desde 1608, a companhia de Shakespeare, com uma breve interrupção[3], se apresentava nos seus dois teatros — no Globe, no verão e no Blackfriars, no inverno — e pode-se especular até onde a arquitetura desse novo prédio teria influenciado as suas últimas peças.

---

[2] Em 1609-1610 com a sua peça *The Faithful Shepherdess* (*A Pastora Fiel*).
[3] Ver nota 13 do Tradutor.

Os passados literário e dramático

A história, imortalizada por Chaucer, segundo o prólogo, é *The Knight's Tale* (*O Conto do Cavaleiro*), uma das vinte e quatro (três incompletas) que compõem *The Canterbury Tales* (*Os Contos de Canterbury*), cuja data oscila entre 1380 e 1390. A obra não foi terminada, possivelmente devido à sua proposta ambiciosa: cada um dos trinta peregrinos deveria contar duas histórias na ida e duas na volta da visita ao túmulo de São Thomas Beckett em Canterbury. *O Conto do Cavaleiro* tem uma longa origem: ele é baseado em um épico latino — a *Tebaida* — do poeta Estácio (*c*.A.D. 40-*c*.96) sobre uma das mais trágicas lendas gregas — a história de Édipo e seus filhos — transformado em um romance — *Teseida* — pelo italiano Giovanni Boccaccio (1313-1375) de quem Chaucer era grande admirador. O conto focaliza dois tipos de ideal: o clássico, da amizade masculina, e o medieval, da cavalaria, que, muitas vezes, se entrelaçam.

O ideal da amizade entre dois homens havia ganhado um movo ímpeto por meio do humanismo que divulgou a obra de Aristóteles (384-322 a.C) *Ética a Nicômacos* e a de Sêneca (*c*.4 a.C—65 d.C) *Sobre a Amizade*. Michel de Montaigne (1533-1592), de quem Shakespeare era leitor, também dedicou um dos seus famosos ensaios, que circulavam na Inglaterra desde 1603 na tradução de John Florio, à amizade masculina. A literatura conta com várias histórias de grandes amigos como Orestes e Pylades, Damon e Pithias, Titus e Gisippus, Teseu e Pírito. O tema encontrou eco na literatura inglesa por intermédio de Sir Philip Sidney (1554-1586) que, no seu livro póstumo, *Arcadia* (1590), narra a história dos amigos e primos, Pyrocles e Musidorus.

Algumas dessas histórias famosas foram recontadas no teatro por Richard Edwards (1524-1566): *Damon and Pithias*, em 1565, e *Palamon and Arcite*, em 1566, peça apresentada em uma solenidade em Oxford diante da rainha Elisabete I e, infelizmente, perdida. Outra peça perdida sobre o mesmo assunto e os mesmos protagonistas é a anônima *Palamon and Arsett* de 1594. Deve-se ressaltar, além da permanência dos temas e das personagens, a grande popularidade de Chaucer na época: o seu romance *Troilus and Criseyde* (1382-1387) já havia sido dramatizado por Shakespeare — *Troilus and Cressida* — em 1601-1602, e suas obras poderiam ser lidas em edições de 1532, 1561, 1598 e 1602. No prólogo de *Os Dois Primos Nobres* os autores receiam não fazer jus à obra original, já "Que poeta com mais conhecimento / Não se viu entre o Pó e o rio Trento" [4].

---

[4] Todas as citações de *Os Dois Primos Nobres* referem-se a esta edição.

Os Dois Primos Nobres também encontra ecos na própria dramaturgia shakespeariana: o título e a história dos dois amigos apaixonados pela mesma mulher em *Os Dois Cavalheiros de Verona* (1590-1591) e a amizade entre Leontes e Políxenes, também rompida por causa de uma mulher em *O Conto de Inverno*; a personagem do Mestre-escola, que lembra Holofernes, em *Trabalhos de Amor Perdidos* (1594-1595), e a da Filha do Carcereiro cuja loucura é muito pautada pela de Ofélia em Hamlet (1600-1601); já em *Péricles, Príncipe de Tiro* encontra-se o motivo da cavalaria e a fonte medieval suprida por John Gower (*c*.1325-1408), contemporâneo de Chaucer e que, assim como ele, tem a sua autoria reconhecida ao ser apresentado como narrador da peça. Entretanto, é *Sonho de Uma Noite de Verão* (1595-1596) que apresenta maiores semelhanças com *Os Dois Primos Nobres*: ambas as histórias se passam em Atenas com as mesmas personagens, Teseu e Hipólita, e o casamento dos dois, a amizade de infância de Hérmia e Helena lembrando a de Emília e Flavina, cenas na floresta, e a peça dos rústicos representada diante de Teseu, Hipólita e seus convidados é repetida na situação em que os camponeses dançam a *morris*[5] diante deles na Festa de Maio.

A ESTRUTURA: NARRATIVAS E ESPETÁCULOS

Ao transportar o conto para o palco, Shakespeare e Fletcher tiveram que fazer uma série de alterações: o tempo foi extremamente reduzido, a caracterização foi mais bem delineada, o duelo dos cavaleiros não foi presenciado por Emília, os deuses deixaram de ser personagens (com exceção de Himeneu, presente no casamento de Teseu e Hipólita) sendo apenas invocados, o final foi despolitizado e a felicidade de Palamon e Emília suprimida, fazendo com que o pessimismo do original fosse aprofundado na peça. As mudanças mais drásticas se referem à estrutura. Além da trama principal, os autores introduziram mais duas secundárias: a da Filha do Carcereiro e a do Mestre-escola, esta última considerada apenas um episódio, sem função orgânica, artificialmente introduzida para propiciar a dança dos rústicos e constando apenas de duas cenas (2.3 e 3.5).

A criação da trama secundária e das personagens simplesmente conhecidas como Carcereiro, Filha do Carcereiro, Irmão do Carcereiro, Pretendente da Filha do Carcereiro, Amigos do Carcereiro e Médico são unanimemente consideradas pelos estudiosos do drama shakespeariano a parte mais original e interessante da

---

[5] Ver nota 77 do Tradutor.

peça. Além de interagir com a trama principal, por meio de Palamon e do Carcereiro, a trama secundária a reflete criticamente por meio das situações em que são colocadas Emília e a Filha do Carcereiro, e das estratégias narrativas que caracterizam a estrutura da peça.

Na cena de abertura, a Primeira Rainha interrompe o cortejo nupcial de Teseu e Hipólita para denunciar a crueldade de Creonte, proibindo que os reis mortos na batalha contra Tebas, incluindo o seu marido, fossem sepultados. Esse pedido remete à história que o motivou: a guerra fratricida dos filhos de Édipo, Etéocles e Políneces, pelo reino de Tebas, culminando com a morte dos dois e propiciando a chegada de Creonte ao poder. Ao ver a Primeira Rainha, sofrida e envelhecida, Teseu se lembra da beleza dela no dia do seu casamento e conta o impacto que ela causou no coração de Hércules. No mesmo ato, Hipólita descreve os laços afetivos que unem Teseu e Pírito, e Emília narra a sua amizade com Flavina, sua falecida amiga de infância. No começo do terceiro ato, Arcite, em solilóquio na floresta, conta como se sente feliz servindo Emília, e no ato seguinte, um mensageiro e Pírito descrevem como são e como se apresentam os cavaleiros que irão lutar ao lado dos dois primos. Na sua prece a Venus (5.1), Palamon inclui a história do casamento de um ancião com uma adolescente e suas consequências; e a ação, cheia de suspense, da última cena da peça é entrecortada pelas entradas e saídas de um criado, que conta para Emília os lances da luta entre os primos secundados por seus partidários, culminando com a vitória de Arcite. A última narrativa é a de Pírito, que conta para Palamon como foi o acidente que vitimou o seu primo.

A estrutura do enredo secundário reflete a do principal, também sendo pontuada por narrativas. Logo na primeira cena do segundo ato, a Filha do Carcereiro conta para o seu pai e o seu pretendente o comportamento resignado e corajoso dos dois primos na prisão. Ela se torna a principal narradora dessa parte da trama por meio de uma série de solilóquios: no primeiro (2.4), revela que se apaixonou por Palamon; no segundo (2.6), que o libertou; e, no terceiro (3.2) que se perdeu dele no bosque e que não tem comido nem dormido. Já os Amigos do Carcereiro lhe contam o que aconteceu quando Teseu encontrou os dois primos lutando na floresta (4.1), e o Pretendente, em uma longa narrativa, descreve como e onde encontrou a Filha do Carcereiro, seu estado mental, como ele a salvou de um afogamento, que ela se dirigiu para a cidade e que estava na casa do tio.

Os espetáculos — procissões, rituais, música, dança, canto e sons diversos — são componentes importantes tanto da trama principal como da secundária. Eles são uma característica das últimas peças shakespearianas e evidenciariam a influência das mascaradas representadas na corte. *Os Dois Primos Nobres* apresenta uma série de espetáculos: o cortejo fúnebre com as rainhas, a caçada de Teseu e Hipólita, o combate entre Palamon e Arcite, a dança folclórica baseada em uma mascarada de Francis Beaumont[6] (*c.*1585-1616) conhecida como *"Masque for the Inner Temple and Gray's Inn"*, a Festa de Maio, e faz referência a esportes campestres como a corrida e a luta corporal.

Entre os espetáculos que causam maior impacto na peça encontram-se os rituais. Essa representação se inicia com o ritual do casamento, de grande impacto visual e sonoro: o cortejo com os noivos, Pírito, Emília, Himeneu e Ninfas desfilando ao som da canção entoada por um menino, que, também, distribui flores. As três Rainhas que o interrompem ajoelham-se em um movimento ritualístico: a primeira, diante de Teseu, a segunda, diante de Hipólita e a terceira, diante de Emília. Na floresta, a colocação das armaduras, um primo armando o outro, também obedece ao rito da cavalaria; as três preces diante dos altares de Marte, Vênus e Diana, mais a preparação da execução com o cepo em cena, quando os condenados se despedem e fazem doações ao Carcereiro destinadas ao dote da sua filha. A importância desses rituais é evidenciada pela sua posição na peça, que se inicia e termina com rituais interrompidos: um, de casamento e outro, de morte.

Heróis míticos e cavaleiros medievais

Teseu é um dos principais heróis da mitologia grega, associado a duas grandes expedições coletivas: a busca do velocino de ouro e a guerra contra as amazonas. Considerado o fundador da democracia ateniense, a Teseu também é atribuído o título de rei de Atenas, fazendo dele uma figura histórica, o que lhe garantiu um lugar no livro *Vidas Paralelas dos Nobres Gregos e Romanos* (*c.*75 d.C), de autoria de Plutarco (*c.*46-*c.*120 d.C). Assim, Shakespeare conhecia a sua personagem não só por intermédio de Chaucer, mas, também, de Plutarco na tradução de Sir Thomas North de 1567, que ele utilizou como fonte das suas "tragédias romanas": *Júlio Cesar* (1599), *Antônio e Cleópatra* (1606-1607) e *Coriolano* (1608).

O amor de Teseu e Hipólita fornece uma das quatro histórias de *Sonho de Uma Noite de Verão*; a comédia termina com o seu casamento, enquanto Os *Dois*

---

[6] Dramaturgo que estabeleceu uma célebre, extensa e bem-sucedida parceria com Fletcher.

Primos Nobres se inicia com ele. Possuidor de um poder absoluto, Teseu o exerce com crueldade por diversas vezes: ao condenar Palamon e Arcite à prisão perpétua, ao decretar a morte dos dois primos por duelarem sem a sua permissão e, mais tarde, ao ordenar a execução do cavaleiro e dos seus seguidores derrotados no torneio final; ele tampouco hesita em determinar que Emília se case com um dos seus pretendentes sem consultá-la. Porém, não é inflexível, pois atende aos apelos das três Rainhas secundadas por Hipólita e Emília; cede ao pedido de Pírito para libertar Arcite; e, mais uma vez solicitado pelo amigo, pela esposa e pela cunhada, concorda em poupar as vidas de Palamon e Arcite, oferecendo-lhes uma nova oportunidade de lutar pelo amor de Emília seguindo as regras da cavalaria. A presença de Teseu é de grande importância para a estrutura dramática "[...] já que ele preside toda a trama, a qual ele em parte determina e, no final, interpreta." (WAITH, 1989, p. 66).

Pírito é o outro famoso herói mítico presente na peça, grande amigo de Teseu, com quem compartilhou várias aventuras como os raptos de Helena de Tróia e o de Perséfone, no qual tiveram que descer aos infernos, necessitando do auxílio de Hércules para serem resgatados, conforme narra Hipólita (1.3). Em *Os Dois Primos Nobres*, o papel de Pírito é essencial em três momentos apesar de não serem presenciados: substituindo Teseu na cerimônia do casamento quando esse herói parte para a guerra contra Creonte, intercedendo para a libertação de Arcite, que irá mudar os rumos da história, e organizando o torneio final, a pedido de Teseu. Ele também age como mensageiro, descrevendo os cavaleiros que vieram para o duelo e, depois, narrando, com detalhes, o acidente que motivou a morte de Arcite. Deve-se, também, lembrar a sua interferência no final da trama, já que é ele quem interrompe a execução de Palamon que, agora, deve desposar Emília.

O terceiro grande herói mítico da peça é Hércules. Apesar de ausente, ele é lembrado por Teseu, que proclama o parentesco dos dois, como já o fizera em *Sonho de Uma Noite de Verão* (5.1.47), referindo-se a ele como "primo" e à sua façanha de ter matado o Leão da Nemeia (1.1), um dos seus doze trabalhos. É interessante relembrar outro dos famosos doze trabalhos — a posse do Cinturão de Hipólita — que conecta Hércules com a trajetória da rainha das amazonas e com a biografia de Teseu.

Na Grécia Clássica de *Os Dois Primos Nobres* convivem heróis da mitologia grega com cavaleiros da era medieval, estes contaminando aqueles com os seus comportamentos heroicos e corteses, orientados pelos códigos de honra do ideal cavaleiresco. Palamon e Arcite se esforçam para se comportarem de acordo com essas normas tanto na guerra, quanto na amizade e no amor; nem sempre o conseguem devido aos seus temperamentos, às circunstâncias e aos desejos dos deuses.

A crítica shakespeariana, em geral, aponta como uma das falhas da peça o fato de os dois protagonistas serem praticamente idênticos, como já acontece no *Conto do Cavaleiro*. É bem verdade que laços muito fortes unem Palamon e Arcite: laços de parentesco (são primos, filhos de duas irmãs), laços de amizade (protótipos da amizade masculina) e laços sociais (consideravam-se irmãos por juramento). Como também se constata que eles só aparecem diferenciados no terceiro ato, em que Palamon se comporta de maneira agressiva com Arcite, que permanece calmo e conciliador. Uma possível explicação é que os autores, ao se aterem à fonte chauceriana, poderiam estar preparando os espectadores/leitores para a impossibilidade de Emília poder distinguir e, eventualmente, escolher um dos dois pretendentes.

Apesar de, agonizante, Arcite dizer a Palamon, "Errei, mas não traí" (5.3), o seu "erro" por não ter acatado a primazia do olhar de Palamon em relação à Emília não nos soa convincente, e o seu pedido de perdão nos parece excessivo, resultante de uma necessidade dramática de justificar a sua morte como punição divina. Uma leitura atenta da peça, entretanto, nos mostra falhas no caráter de Palamon. Na terceira cena (3.1), é ele quem inicia a conversa sobre as conquistas amorosas dos dois no passado, o que representa uma violação do código dos cavaleiros, já que o amor cortês os obrigava a guardar segredo dos nomes das suas damas.[7] Apesar do envolvimento de Arcite, essa cena terá repercussões mais negativas no julgamento da personalidade de Palamon, porque ele mente na sua prece à Vênus (5.1) quando diz: "Jamais quis difamar uma beldade/ E corava diante dos idiotas / Que o faziam. Fui rude com aqueles / Que de suas conquistas se gabavam, / E irado indaguei-lhes se tinham mães". E, na mesma prece, depois de contar a história grotesca do casamento de um octogenário com uma adolescente de quatorze anos e lançar dúvidas sobre a paternidade do filho que tiveram, indicando uma possível atitude misógina sobre a infidelidade feminina, ele acrescenta: "Não me agrada quem revela segredos /

---

[7] Ver nota 184 do Tradutor.

Ou intimidades descaradamente." Apesar da inverdade de suas declarações e da narrativa que expõe o lado desagradável do poder de Vênus, esta, aparentemente, o favorece. Também, é possível questionar o seu comportamento em relação à Filha do Carcereiro; ela o ajuda a fugir da prisão e, aparentemente, ele não leva em conta nem a sua paixão por ele nem pensa nas consequências que o seu ato poderia trazer para ela e para o seu pai. Seus presentes em dinheiro para o dote da jovem (duas vezes: em 4.1 e 5.4) sugerem que seriam um meio de pagar uma dívida de ingratidão e minimizar a sua indiferença para com ela. Diante de tais atitudes, chega-se à conclusão que Palamon é o menos nobre dos dois primos, e, ironicamente, ganha a moça.

Amazonas e virgens

Os Dois Primos Nobres se destaca entre os dramas da época pelo grande número de personagens femininas. Algumas estão presentes, como as três Rainhas, Hipólita, Emília, a Aia, a Filha do Carcereiro e as cinco mulheres que vão participar da dança ensaiada pelo Mestre-escola: Francisca, Madalena, Lucinha, Bárbara e Nelie, a única que fala; mas há ainda uma que faltou e é criticada: Cecília, a filha da costureira. Outras são apenas mencionadas, como Flavina, amiga de Emília, e as antigas namoradas de Palamon e Arcite: a Filha do Intendente e a Irmã do Comandante.

Hipólita e Emília são representantes do fascinante mundo das amazonas encontrado na historiografia de Heródoto (*c*.480-*c*.42 a.C) e do já mencionado Plutarco mas, principalmente, na mitologia grega que registra as suas histórias com variantes (BRANDÃO, 2008, p. 58-60). Nos séculos XVI e XVII as explorações marítimas originaram relatos de tribos compostas de guerreiras; essas lutadoras começaram a frequentar os palcos elisabetano e jaimesco, tendo aparecido, no mínimo, em doze produções dramáticas entre 1592 e 1640 (JACKSON, 1995, p. 151). Assim sendo, pode-se dizer que Shakespeare e Fletcher encontraram não só a fonte em Chaucer, como também o momento propício para recriar as identidades femininas de Hipólita e Emília.

Em *O Conto do Cavaleiro* e *Sonho de Uma Noite de Verão*, Hipólita é apresentada como subjugada pela força por Teseu. *Os Dois Primos Nobres* também assim a apresenta e desenvolve essa nova situação para a ex-rainha das amazonas justificando-a como "(...) a ordem natural da criação" (1.1). A prova da sua submissão ocorre quando se ajoelha diante do marido por duas vezes: uma, para lhe rogar que atenda ao pedido das rainhas enlutadas e, outra, para lhe implorar pelas vidas de Palamon e Arcite. No início da peça, ao descrever a grande amizade que une Teseu a Pírito, ela demonstra insegurança quanto ao lugar que ocupa no coração do marido. Ela deixou de ser uma guerreira; realizado o casamento, é Pírito quem vai lutar ao lado de Teseu contra Creonte. Só em um momento ela se refere ao seu passado — "Nós já fomos soldados" — lembrando a Pírito e aos espectadores / leitores que, na condição de amazona, está acostumada aos horrores da guerra (1.3). Hipólita deixou de ser devota de Marte, o deus da guerra, e de Diana, deusa da castidade, para se tornar devota de Vênus, deusa do amor.

Emília passa pelo mesmo processo que a irmã, porém com mais sofrimento, porque, ao contrário desta, não deseja se casar. Ao recordar o seu afeto por sua amiga de infância Flavina, ela conclui dizendo que acredita que o amor entre duas jovens supera aquele entre um homem e uma mulher. Por ocasião do duelo dos dois primos na floresta, Emília tenta obter de Teseu a mudança da sentença de morte por uma sentença de exílio, mas o Duque determina a sua sorte já que ela não pode e não deseja escolher nenhum dos dois: o vitorioso do torneio será seu marido, enquanto o perdedor será executado. O dilema e o sofrimento de Emília são expressos em um solilóquio — com os retratos de Palamon e Arcite nas mãos ela verbaliza a sua impossibilidade de se decidir por um dos dois[8]— e na prece à Diana — quando ela assegura à deusa que o seu traje é de noiva, mas o coração é de virgem (5.1). Ela só consegue impor a sua vontade ao recusar os insistentes pedidos de Teseu, Hipólita e Pírito para que assista ao torneio em que o seu futuro e o dos dois rapazes será decidido. O fato de Emília não presenciar o torneio não deixa de ser, também, uma demanda da encenação uma vez que o esplendor do espetáculo narrado não poderia ser apresentado no palco. Com a morte de um dos dois nobres cavaleiros, o final da peça é questionado por Emília: "Isto é vitória?" (5.3). Palamon perde o amigo e Emília, o sonho de permanecer virgem.

Ao contrário de Emília, a Filha do Carcereiro sonha em perder a sua virgindade com Palamon. A trajetória de sua paixão por ele é narrada nos seus quatro solilóquios, e impossibilitada de se ver correspondida, ela enlouquece.

---

[8] Esse solilóquio é apontado como uma falha na caracterização de Emília que aparenta querer os dois primos; na prece, entretanto, ela reafirma a sua vontade de permanecer virgem.

A anônima Filha do Carcereiro é, sem dúvida, a personagem feminina mais marcante da peça, despertando a simpatia e a compaixão dos leitores/espectadores não só por sua lucidez — ela sabe que não pode atravessar a barreira social que a separa de Palamon e que ele não a ama — como, também, pela sua loucura que a faz expressar todas as suas frustrações. Quando o Pretendente se faz passar por Palamon para tentar curá-la, a sua situação é semelhante à de Emília: ambas as personagens estão envolvidas com dois homens; a nenhuma das duas é permitido escolher o seu marido e, nas circunstâncias em que se encontram — uma, dependente da loucura, a outra, da sorte — elas não teriam condição de fazê-lo.

O final é interrogativo para ambas. Chaucer afirma que a sua Emily foi muito feliz com Palamon, já Shakespeare lança dúvidas ao fazer a sua heroína fechar os olhos de Arcite e prometer que, enquanto viver, dedicará o dia da sua morte às lágrimas (5.3); isso significa que Arcite estará sempre presente na sua relação com Palamon, enquanto este jamais esquecerá que deve o seu casamento com Emília à morte do seu primo e amigo. Quanto à Filha do Carcereiro, apesar de o seu pai assegurar a Palamon que ela está curada, não sabemos de quê: se da sua frustração sexual, da sua paixão, ou da sua loucura, e como, descoberto o engano, ela se relacionará com o Pretendente.

CONFLITOS

A peça se inicia em Atenas com um grande conflito já resolvido — a vitória de Teseu contra as amazonas e a paz selada pelo casamento dele com Hipólita — e dois outros que se apresentam — o pedido das Rainhas a ele para combater os tebanos e o dilema que o envolve para se decidir entre o amor e a guerra. Apoiado pela esposa e pela cunhada, ele resolve os dois conflitos: vai à guerra e derrota Creonte. Em Tebas, Palamon e Arcite discutem a relação conflituosa com a cidade e a possibilidade de deixá-la para não serem contagiados pelo mal que a envolve; entretanto, diante do ataque das tropas gregas, eles decidem que é questão de honra lutar pela pátria. Nesse primeiro ato, o conflito principal se estabelece envolvendo a amizade e o casamento, já que o amor e a sexualidade são considerados o foco exclusivo da peça (ROSE, 2009, p. 214). Hipólita e Emília conversam sobre a grande amizade de Teseu e Pírito, e Emília descreve a importância do amor que a uniu à Flavina, morta aos onze anos de idade. A ambivalência sexual sugerida na relação entre os dois guerreiros também é insinuada pela agitação de

Emília ao confirmar que nunca amará alguém que se chame homem (1.3). O seu conflito se situa entre o amor heterossexual e a amizade, entre o casamento e a virgindade.

O conflito maior de *Os Dois Primos Nobres* é o de Palamon e Arcite pelo amor de Emília. Na prisão, os protestos de afeto entre os primos tão próximos que se consideram até "esposos" colorem a relação entre os dois com acentuado erotismo. No momento em que ambos avistam Emília, entretanto, a colisão entre a amizade e o amor vai definir os seus comportamentos até o final da peça transformando-os em inimigos mortais. Deve-se ressaltar, porém, que essa rivalidade amorosa é amainada pelas recordações da antiga amizade, como nas cenas do terceiro ato, em que, numa espécie de conversa de caserna, ambos relembram antigas conquistas amorosas (3.3) e quando um ajuda ao outro no ritual de colocar a armadura para um combate mortal (3.6). Ambos se comportam com nobreza, de acordo com os códigos da cavalaria, mas preocupados com os seus desejos, eles se esquecem de Emília e parecem considerar os seus sentimentos irrelevantes, reduzindo a questão do desejo sexual unicamente a eles dois.

A relação conflituosa entre Palamon, Emilia e Arcite vai repercutir no enredo secundário no triângulo amoroso composto de Palamon, a Filha do Carcereiro e o Pretendente, guardadas as devidas proporções, pois aquele não sabe que é rival deste e, assim como Emília, ignora ser objeto de desejo. Como já mencionado, a paixão da moça por Palamon resulta no conflito — "Casar não espero, / Ser sua amante seria insensatez" — responsável pela sua loucura. Tal conflito é tão tristemente resolvido como o de Emília: ela é escolhida por quem a ama, levando à conclusão que o amor/desejo não traz felicidade à maioria das personagens.

Tal possibilidade é comprovada pelo sombrio final da peça com a morte repentina de Arcite, acidentado depois de ter vencido o torneio. A vida de Emília sofre uma reviravolta, já que estava pronta para ser esposa dele e, logo depois, tendo de se casar com Palamon, que, triste, se interroga por que não se pode ganhar um amor sem perder outro (5.4). E se recordarmos o início da peça, não se pode apontar a relação entre Teseu e Hipólita como bem resolvida, devido às dúvidas de Hipólita sobre o afeto de seu marido por Pírito. Apesar da tentativa de Teseu de atribuir à justiça dos deuses os acontecimentos e acenar com a possibilidade da alegria do casamento depois da tristeza do funeral, os seus argumentos não são convincentes porque as perdas são muitas e os ganhos, poucos. No drama *Os Dois Primos Nobres* — re-escritura da gloriosa história já recontada por Chaucer — Shakespeare e Fletcher criam uma tragicomédia que se aproxima e muito de uma tragédia.

REFERÊNCIAS

ABRAMS, Richard. The Two Noble Kinsmen as Bourgeois Drama. *In*: GREY, Charles H. (Ed.). *Shakespeare, Fletcher and The Two Noble Kinsmen*. Columbia: University of Missouri Press, 1989, p. 145-162.

ALEXANDER, Catherine M. S. (Ed.) *The Cambridge Companion to Shakespeare's Last Plays*. Cambridge: Cambridge University Press, 2009.

BRANDÃO, Junito. *Dicionário Mítico-Etimológico da Mitologia Grega*. 2 vols. Petrópolis: Editora Vozes, 2008.

BRUSTER, Douglas. The Jailer's Daughter and the Politics of Madwomen's Language. *Shakespeare Quarterly*, n.46. p. 277-300, 1995.

CHAUCER, Geoffrey. *The Canterbury Tales*. Transl. Modern English Nevil Coghill. London: Penguin Books, 2003.

DOBSON, Michael; WELLS, Stanley. (Ed.). *The Oxford Companion to Shakespeare*. Oxford: Oxford University Press, 2005.

DONALDSON, E. Talbot. *The Swan at the Well*. Shakespeare Reading Chaucer. New Haven; London: Yale University Press, 1985.

JACKSON, Gabriele Bernhard. Topical Ideology: witches,amazons, and Shakespeare's Joan of Arc. *In*: BARKER, Deborah E.; KAMPS, Ivo. (Ed.). *Shakespeare and Gender*. A History. London; New York: Verso, 1995. p. 142-167.

KERMODE, Frank. *Shakespeare's Language*. London: Penguin Books, 2000.

KERNAN, Alvin. *Shakespeare, the King's Playwright*. Theater in the Stuart Court 1603-1613. New Haven; London: Yale University Press, 1995.

KRAYE, Jill. (Ed.). *The Cambridge Companion to Renaissance Humanism*. Cambridge: Cambridge University Press, 2011.

O'SHEA, José Roberto. With a 'co-adjutor': Collaboration between William Shakespeare and John Fletcher in The Two Noble Kinsmen. *Revista Letras-UFPR*, v. 92, p. 49-65, 2015.

RICHARDS, Jennifer; KNOWLES, James. (Ed.). *Shakespeare's Late Plays*. New Readings. Edinburgh: Edinburgh University Press, 1999.

ROSE, Mary Beth. *The Expense of Spirit*. Love and Sexuality in English Renaissance Drama. Ithaca; London: Cornell University Press, 2009.

RYAN, Kiernan. (Ed.). *Shakespeare*: the Last Plays. London; New York: Longman, 1999. Longman Critical Readers.

TURNER, Robert Kean; TATSPAUGH, Patricia. (Ed.). The Two Noble Kinsmen by William Shakespeare and John Fletcher.. Cambridge: Cambridge University Press, 2012. (The New Cambridge Shakespeare)

SMITH, Bruce. *Homosexual Desire in Shakespeare's England*. A Cultural Poetics. Chicago; London: The University of Chicago Press, 1994.

THOMPSON, Ann. *Shakespeare's Chaucer*. A Study of Literary Origins. Liverpool: Liverpool University Press, 1978.

TURNER, Robert Kean; TATSPAUGH, Patricia. (Ed.). *The Two Noble Kinsmen by William Shakespeare and John Fletcher*. Cambridge: Cambridge University Press, 2012. (The New Cambridge Shakespeare).

WAITH, Eugene M. (Ed.). *The Two Noble Kinsmen by William Shakespeare and John Fletche*. Oxford: Oxford University Press, 1989. (Oxford World's Classics).

OS DOIS PRIMOS NOBRES[1]

Apresentada no Blackfriers[2]
Pelos servidores de [sua] Majestade, o Rei,
com grande aplauso:
Escrita por memoráveis Personalidades
da época;
Sr. John Fletcher, e
Sr. William Shakspeare. } *Cavalheiros*

Impresso em Londres por Tho. Cotes, para John Waterson:
e para ser vendido pelo selo da Coroa
no Largo de [da Igreja de São] Paulo. 1634.[3]

---

[1] A pesquisa que resultou nesta tradução anotada foi desenvolvida com apoio do CNPq (Processo 301305/2009-9, modalidade PQ). A opção pelo título *Os Dois Primos Nobres*, em lugar de *Os Dois Nobres Parentes* (conforme a peça é mais conhecida no contexto lusófono), tem a ver, sobretudo, com exatidão, visto que os protagonistas são, precisamente, "primos", filhos de duas irmãs. O texto-base utilizado para esta tradução é o que consta da edição da Folger Shakespeare Library, fixado por Barbara A. Mowat e Paul Werstine. A escolha se deve porque, em primeiro lugar, a referida edição baseia-se diretamente no Q1 de 1634; além disso, na complexa tomada de decisões acerca da fixação do texto, Mowat e Werstine examinaram detidamente a versão computadorizada do primeiro in-quanto (doravante Q1), disponibilizada pelo Arquivo de Textos do Centro de Computação da Universidade de Oxford; finalmente, trata-se da edição mais recente (2010) disponível no momento em que a tradução foi realizada. As edições ancilares consultadas, linha a linha, na realização desta tradução são as seguintes: Students' Facsimile Edition, Reprint of the 1634 Quarto (1910); Oxford World's Classics, ed. Eugene M. Waith (1989); Arden Third Series, ed. Lois Potter (1996); The Riverside Shakespeare, second edition, ed. Blakemore Evans (1997). A edição The New Cambridge Shakespeare, eds. Robert Kean Turner e Patricia Tatspaugh, publicada em 2012, quando a tradução já se encontrava em fase final, ainda pôde ser consultada.

[2] Sala de um antigo monastério dominicano, situado no distrito de Blackfriars, em Londres, utilizada para apresentações teatrais. O espaço fechado constituía alternativa ao espaço aberto, típico dos chamados "teatros públicos", *e.g.*, o Globe, o Rose e o Swan, localizados em Southwark, na margem sul do Tâmisa, em Londres.

[3] Texto que consta do frontispício da primeira impressão do texto, o in-quarto de 1634, e que sugere o sucesso da peça no palco.

PERSONAGENS[4]

Prólogo

ARCITE
PALAMON } os dois primos nobres, sobrinhos de Creonte, Rei de Tebas
TESEU, Duque de Atenas
HIPÓLITA, Rainha das Amazonas, mais tarde, Duquesa de Atenas
EMÍLIA, irmã de Hipólita
PÍRITO, amigo de Teseu
Três RAINHAS, viúvas dos reis mortos durante o cerco a Tebas, ainda insepultos
CARCEREIRO do palácio de Teseu
FILHA do carcereiro
IRMÃO do carcereiro
PRETENDENTE da filha do carcereiro
Dois AMIGOS do carcereiro
ARTÉSIO, soldado ateniense
VALÉRIO, um tebano
AIA de Emília
CAVALHEIRO ateniense
SEIS CAVALEIROS, três acompanham Arcite, e três acompanham Palamon
SEIS CAMPONESES, um vestido de babuíno
MESTRE-ESCOLA
NELIE, uma camponesa
tocador de tambor
MENINO cantor, ARAUTO, MENSAGEIROS, MOÇA

Epílogo

HIMENEU (deus do casamento), cortesãos, soldados, quatro camponesas (Fritz, Maudlin, Lúcia e Bárbara), ninfas, criados, carrasco, guarda

[4]Inexiste lista de personagens no Q1. A lista aqui compilada é a que consta de Mowat e Werstine (2010, p. 3).

Clarinada. [Entra o Prólogo].[5]

[PRÓLOGO]

Novas peças e virgens, quase iguais:
Procuradas e pagas bem demais,
Se boas e sadias. A boa peça,
Cuja cena discreta cora à beça
No dia da estreia e, receosa,
Treme ao pensar que já não é honrosa,
É qual a virgem que, após o ritual,
E o frêmito da noite inaugural,[6]
Inda é puro recato, e inda conserva
Mais da virgem do que do esposo a serva.
Rogamos: nossa peça seja assim;
Sei que o pai é nobre, casto, por fim,
Que poeta com mais conhecimento
Não se viu entre o Pó o rio Trento.[7]
Chaucer, tão admirado, doa a história,[8]
Que em sua obra vive sempre em glória.
Se a nobreza da prole nos trair,
E vaia a filha aqui primeiro ouvir,
A ossada do homem embaixo da terra,
Lá mesmo, onde ela está, treme e berra:
"Oh! Afastai de mim a palha inútil,

---

[5]Marcações entre colchetes não constam do texto de Q1 e, portanto, constituem interpolação editorial (seja por decisão de Mowat e Werstine (2010), Potter (1996), Waith (1989) ou Evans (1997). Clarinadas costumavam marcar o início da encenação, bem como a entrada (e, às vezes, a saída) de personagens importantes, aqui, o Prólogo.

[6]Com sentido duplo: a noite de núpcias e a estreia.

[7]Rios situados no norte da Itália e da Inglaterra, ou seja, abrangendo toda a extensão da Europa Ocidental.

[8]Geoffrey Chaucer (*c.* 1343-1400), poeta inglês cuja história "O Conto do Cavaleiro", incluída na célebre coletânea inacabada *Os Contos de Canterbury*, vem a ser a fonte principal aqui dramatizada por Shakespeare e Fletcher.

Esse autor que torna meu laurel fútil
E meu trabalho, célebre e tão probo,
Um continho de Robin Hood tão bobo!"[9]
Eis o nosso temor: demais ousar,
Na ambição exceder, a ele aspirar,
Fracos que somos, carentes de ar,
Em águas tão profundas vir nadar.
Estendei-nos as vossas mãos unidas,
Manobramos p'ra salvar nossas vidas.[10]
Cenas ouvireis,[11] que embora menores
Que sua arte, por duas horas são melhores.[12]
Aos seus ossos, bom descanso; a vós,
Diversão. Se esta peça, para nós,
Não servir p'ra afastar um pouco o tédio,
Nossas perdas[13] são grandes, sem remédio.

Clarinada. [Sai].

---

[9]Dent (1981, p. 226) registra o provérbio *"Tales of Robin Hood are good for fools"* ("Contos de Robin Hood são para Tolos").

[10]No verso anterior, temos o clássico apelo ao aplauso, comum em prólogos e epílogos do teatro romano e imitado por dramaturgos posteriores, inclusive Shakespeare, que assim procedeu em várias peças. Nesse verso, o original registra a expressão *"tack about"*, que, segundo David e Ben Crystal (2002, p. 441), quer dizer "corrigir o curso".

[11]Tipicamente, no contexto elisabetano-jaimesco, em que a linguagem verbal detém não apenas força retórica como também estética, o verbo utilizado para caracterizar a atividade do espectador de teatro é *ouvir*, e não *ver*. A esse respeito, estudos recentes apontam que o formato circular do primeiro Teatro Globe (construído, em Londres, em 1599), em que os espectadores ficavam próximos ao palco-plataforma avançado, visava não apenas facilitar a visão, mas sobretudo a audição (GURR, 2012, p. 3-16).

[12]"Sua", evidentemente, refere-se a Chaucer. Ainda neste verso, conforme ocorre no Prólogo de *Romeu e Julieta*, temos uma referência à suposta duração de duas horas dos espetáculos no teatro londrino contemporâneo a Shakespeare e Fletcher.

[13]Além do sentido óbvio, isto é, do prejuízo financeiro incorrido no caso de um fracasso teatral, alguns estudiosos entendem que as "perdas" possam se referir também ao incêndio do Teatro Globe, ocorrido em 29 de junho de 1613. Acredita-se que *Os Dois Primos Nobres* tenha sido a primeira peça encenada no Globe reconstruído depois do incêndio (POTTER, 1996, p. 35, 139; WAITH, 1989, p. 80; EVANS, 1997, p. 1692).

ATO I[14]

[Cena 1][15] *Música. Entram Himeneu, carregando uma tocha acesa, precedido de um Menino de túnica branca, cantando e distribuindo flores. Atrás de Himeneu, uma Ninfa, de cabelos soltos, com uma guirlanda de trigo;[16] a seguir, Teseu, entre duas outras Ninfas, com guirlandas de trigo. A seguir, Hipólita, a noiva, conduzida por [Pírito] outro,[17] que lhe segura uma guirlanda sobre a cabeça, os cabelos igualmente soltos. Depois dela, Emília, que lhe segura a cauda do vestido. [A seguir, Artésio e Criados].[18]*

Canção. [Executada pelo Menino].

> Rosas, sem as esporas afiadas,
> Régias, quer nas pétalas perfumadas,
> Quer no tom da sua cor;[19]
> Cravinas, com seu cheiro tão sutil,
> Margaridas, com ar primaveril,
> E o timo, que é candor;
>
> A prímula, que traz a nova era,
> Arauto da risonha primavera,

---

[14] No Q1 o texto da peça já apresenta divisão em atos e cenas. Eventuais inconsistências (e.g., a existência de duas cenas marcadas "Cena 4" no Ato II) são devidamente emendadas por Mowat e Werstine.

[15] Local: Atenas, diante do templo (as indicações de locais seguem Evans (1997), na segunda edição *Riverside Shakespeare*).

[16] Na mitologia clássica, Himeneu é o deus do casamento, representado por um jovem portando uma tocha acesa. Os cabelos soltos da ninfa sugeriam virgindade, e as guirlandas de trigo, fertilidade.

[17] Emendando uma flagrante inconsistência de Q1, que repete aqui a presença de Teseu, Mowat e Werstine (2010) inserem a entrada de Pírito, que, de fato, possui uma fala no final da cena. A marcação "outro" é um tanto vaga. Potter (1996, p. 140) comenta que, se o noivo entra ladeado por duas figuras femininas, a noiva provavelmente surge entre dois homens. É possível que o "outro" seja Artésio, mais adiante identificado na cena.

[18] Essa entrada espetacular apresenta características das chamadas "mascaradas", tão apreciadas na corte à época.

[19] Waith (1989, p. 140) e Potter (1996, p. 80) comentam que o vermelho da rosa está associado à realeza.

1.1

Com sinos delicados;
Petúnias em canteiros já brotando,
Cravinhos em sepulcros vicejando,
Delfínios azulados;
Ó, rebentos gentis da Natureza,
Deitai aos pés dos noivos a beleza,
      Espalha flores.
Agradai aos sentidos.[20]
Nem anjo e nem pássaro do céu,
Com belo canto ou plumas qual um véu,
Deixa de ser ouvido.

Que a gralha e o cuco maldizente,[21]
Corvo agourento e abutre indecente,
Nem pega tagarela,
Pousem ou cantem nesta cerimônia,
Ou aqui tragam qualquer acrimônia;
Que voem longe dela![22]

      Entram três Rainhas, de luto, com véus pretos e coroas imperiais. A primeira Rainha se prostra aos pés de Teseu; a segunda se prostra aos pés de Hipólita; a terceira, diante de Emília.[23]

PRIMEIRA RAINHA [*Dirigindo-se a Teseu*].
    Em nome da piedade e da nobreza,
    Ouvi-me e atentai.

---

[20]O original registra aqui *"Blessing their sense"*. Sigo a glosa proposta por Potter (1996, p. 142).

[21]Acreditava-se que, em seu canto, que parece repetir o som da palavra inglesa *cuckold* ("cornudo"), o cuco zombava dos maridos (MOWAT; WERSTINE, 2010, p. 12).

[22]Na cena imediatamente a seguir, a chegada das três Rainhas, interrompendo a cerimônia com suas solicitações acrimoniosas, cria um momento de intensa ironia dramática. Na cena, para ressaltar a ironia da associação, as rainhas podem usar um figurino que sugira "aves agourentas".

[23]Esse diálogo inicial situa a ação na sequência imediata da chamada "Guerra Tebana", ou dos "Sete contra Tebas" (sete líderes militares contra as sete portas de Tebas). Depois da morte de Édipo, seus dois filhos, Etéocles e Políneces, disputam o trono, de vez que Etéocles se recusa a transferir o poder ao irmão, contrariando o que havia sido previamente acertado. Aliando-se a seis líderes, Políneces luta contra Etéocles e o exército tebano. Os irmãos se matam na guerra, e seu tio, Creonte (irmão de Jocasta, mãe dos irmãos mortos), assume o poder. O mito foi tratado numa série de tragédias gregas — a saber: *Sete contra Tebas* (Ésquilo), *Antígona* e *Édipo em Colono* (Sófocles), e *As Suplicantes* e *As Fenícias* (Eurípides) —, muitas das quais eram conhecidas no início da Idade Moderna, algumas por meio de versões latinas de autoria de Sêneca.

SEGUNDA RAINHA [*Dirigindo-se à Hipólita*].
> Por vossa mãe,
> Se quereis desse ventre bela prole,
> Ouvi-me e atentai.

TERCEIRA RAINHA [*Dirigindo-se à Emília*].
> Pelo amor de quem Júpiter marcou
> Para honrar vosso leito, e em nome
> Da casta virgindade, advogai
> O nosso sofrimento. Tal ação
> Há de apagar do livro das ofensas
> Tudo o que contra vós ali constar.

TESEU [*Dirigindo-se à Primeira Rainha*].
> Triste dama, erguei-vos.

HIPÓLITA [*Dirigindo-se à Segunda Rainha*].
> Levantai.

EMÍLIA [*Dirigindo-se à Terceira Rainha*].
> Diante de mim não ajoelheis.
> A toda mulher cujo sofrimento
> Puder amenizar serei mui grata.

TESEU [*Dirigindo-se à Primeira Rainha*].
> Qual é vosso pleito? Falai por todas.

PRIMEIRA RAINHA
> Somos três rainhas cujos soberanos
> Tombaram ante a fúria do cruel Creonte,
> E expostos jazem aos bicos dos corvos
> E às garras dos abutres, nos imundos
> Campos de Tebas. Ele não permite
> Que guardemos as cinzas dos seus ossos,
> Nem que livremos os olhos de Febo[24]

---

[24]Deus romano associado ao sol e à luz, correspondente a Apolo na mitologia grega (ver notas 51, 185 e 187).

1.1

Da visão repugnante dos cadáveres,
Mas infecta os ares co' o fedor
Dos nossos reis mortos. Piedade, duque!
Vós, que sois o libertador da terra,[25]
Sacai a vossa espada tão temida,
Que tanto bem tem feito pelo mundo,
Dai-nos os ossos dos nossos reis mortos,
Para que os levemos até o templo;
E, em vossa bondade infinda, vede
Que sobre nossas frontes coroadas
Não temos teto, exceto isto,[26] que é
De ursos e leões, domo de tudo.

TESEU

Não vos ajoelheis, é o que vos peço.
Com as vossas palavras me espantei,
E deixei que os joelhos vos magoassem.
Ouvi sobre a sorte dos vossos mortos,
O que me causa muita pena, e em mim
Desperta o desejo de vingança.
O rei Capaneu era vosso esposo.
No dia das bodas, como hoje comigo,
No altar de Marte vi o vosso noivo.
Éreis naquele tempo muito bela —
Não era o véu de Juno[27] mais formoso
Que os vossos cabelos, nem tão vasto.
Vossa coroa de trigo não estava
Debulhada, tampouco destruída.
A Fortuna, de covinhas no rosto,
Para vós sorria. Hércules, meu primo,
Cedendo ao vosso olhar, depôs a clava;

---

[25]Alguns estudiosos entendem que a expressão se refere ao fato de Teseu seguir o modelo do primo, Hércules, sempre pronto a livrar a terra de monstros; outros percebem aqui uma alusão aos serviços prestados por Teseu a Marte, o rei da guerra (MOWAT; WERSTINE, 2010, p. 251). Potter (1996, p. 144) comenta que, na condição de "libertador da terra", Teseu surge aqui identificado como o próprio Marte.

[26]Evidentemente, o céu.

[27]Na mitologia romana, Juno é esposa de Júpiter e rainha dos deuses, correspondendo à grega Hera.

Desabou sobre a pele de Nemeia,[28]
E jurou que seus músculos se esvaíam.
Ó dor e tempo! Tudo devorais![29]

PRIMEIRA RAINHA

Ah! Quisera algum deus — se algum deus
Gerasse pena em vosso ser viril,
Nele incutindo força, e vos instasse
Nosso defensor.

TESEU

Não de joelhos, viúva!
Usai-os diante de Belona armada,[30]
E rezai por mim; sou vosso soldado.
[*A Primeira Rainha se levanta*].
Estou abalado.

Afasta-se.

SEGUNDA RAINHA

Honrada Hipólita,[31]
Amazônia temida, que matastes
O javali de presas afiadas,
Que co' o braço, tão forte quanto branco,
Quase fizestes do homem um cativo,
Não tivesse o vosso noivo, nascido
Para preservar a ordem natural

---

[28]Isto é, a pele usada por Hércules depois de ter estrangulado e pelado o Leão da Nemeia, num dos seus doze trabalhos.

[29]Em Shakespeare, o tempo é visto como "devorador" (*e.g.*, aqui e nos Sonetos), mas também como "restaurador" (*e.g.*, em *O Conto do Inverno* e *Péricles*). Com efeito, o provérbio "O tempo devora tudo" está registrado por Dent (1981, p. 232).

[30]Deusa romana da guerra.

[31]Rainha das amazonas, tribo de mulheres guerreiras. Hipólita é filha de Marte e Otréra. Para desenvolver a personagem em duas peças, a saber, *Sonho de Uma Noite de Verão* e *Os Dois Primos Nobres*, Shakespeare parece ter obtido dados, precisamente, no *Conto do Cavaleiro*, de Chaucer, no qual Hipólita é caracterizada como uma noiva jovial e compadecida do sofrimento alheio. As cenas de abertura de ambas as peças se assemelham, com Teseu e Hipólita preparando-se para seu casamento (DAVIS; FRANKFORTER, 1995, p. 227).

1.1

Da criação,[32] impedido que passásseis
Dos vossos limites, a um só tempo
Vencendo vossa força e vosso afeto;
Guerreira, que sabeis equilibrar
Firmeza e piedade, e, agora sei,
Que tendes muito mais poder sobre ele,
Que ele tem sobre vós, que dele tendes
A força e o amor, sendo ele agora servo
Do som da vossa voz; espelho nosso!
Dizei-lhe que, chamuscadas p'la guerra,
Buscamos frescor à sombra da espada;
Pedi-lhe que a estenda sobre nós;
Falai qual mulher, qual u'a de nós três;
Chorai antes que falheis. Emprestai-nos
Um joelho, mas no solo não o pouseis
Mais tempo que o tremor da ave a morrer.
Dizei-lhe o que faríeis, jazendo ele,
Inchado, no campo banhado em sangue,
Ao sol mostrando os dentes, à lua rindo.

HIPÓLITA

Pobre senhora, nada mais dizei.
Sigo convosco nesta boa ação,
Como naquela em que ora vou, e nunca
Segui um caminho com tanta vontade.
A vossa dor abala o coração
Do meu senhor; deixai-o refletir.
Logo falarei.
  [*A Segunda Rainha se levanta*].

TERCEIRA RAINHA

    Ah! Mi'a petição
Foi escrita em gelo, que a dor ardente
Fundiu em gotas; carente de forma,
A tristeza com lágrimas se expressa.

---

[32] A suposição aqui é de que a natureza criou o homem superior à mulher.

EMÍLIA

Erguei-vos, por favor.

Tendes no rosto escrita a vossa dor.

TERCEIRA RAINHA

Ó desventura! Aí não podeis lê-la.

[*Levanta-se*].

Nas mi'as lágrimas, seixos enrugados

Num riacho transparente, podeis vê-la.

Senhora, minha senhora, ai de mim!

Quem quiser achar tesouro na terra,

Que busque bem no centro; quem quiser

Pescar o mais ínfimo,[33] baixe a linha

Até o meu coração. Ah! Perdoai-me!

A extrema dor, que aguça algumas mentes,

Desatina-me.

EMÍLIA

Basta, por favor.

Quem, em plena chuva, não puder vê-la

Nem senti-la, não sabe o seco e o úmido.

Se vós fôsseis o quadro de um pintor,

Eu vos compraria, p'ra aprender o que é

Uma grande dor — deveras, é exemplo

De partir coração. Mas, sendo irmã

Natural do nosso sexo,[34] tal mágoa

Com tamanho ardor em mim se projeta,

Que há de refletir no peito irmão,[35]

E aquecê-lo, nem que fosse de pedra.

Confortai-vos, eu peço.

TESEU [*Adiantando-se*].

Avante! Para o templo! Sem prejuízo

Do sagrado ritual.

---

[33]No original "*least minnow*". Sigo os sentidos abonados por Crystal e Crystal (2002, p. 282) e Onions (1986, p. 141).

[34]Isto é, em vez de ser o quadro de um pintor.

[35]Teseu é o futuro cunhado de Emília, em inglês "*brother-in-law*", "irmão por afinidade".

1.1

PRIMEIRA RAINHA

              Ah! Essas bodas
Vão durar e custar mais que a guerra
Em defesa das vossas suplicantes.
Lembrai-vos, vossa fama reverbera
Nos ouvidos do mundo; vossa pressa
Nunca é precipitada; o primeiro
Juízo vale mais que a reflexão
Dos outros; vossos planos contam mais
Que as ações de terceiros. Mas, por Júpiter!
Vossas ações, qual águias-pescadoras,
Subjugam antes de tocar.[36] Pensai,
Caro duque, pensai nos leitos em que
Se deitam os nossos reis trucidados!

SEGUNDA RAINHA

E no sofrimento dos nossos leitos,
Que os nossos esposos leitos não tenham!

TERCEIRA RAINHA

Leitos dignos de mortos. Até aos que,
Com corda, punhal, veneno e abismo,
Fartos da luz do mundo, são agentes
Da própria morte, a piedade humana
Concede terra e sombra.

PRIMEIRA RAINHA

              Mas os nossos
Jazem, cheios de pústulas, ao sol,
E foram bons monarcas quando vivos.

TESEU

É verdade, e consolo vos darei,
Dando aos vossos reis mortos sepulturas;

---

[36]Consta que a águia-pescadora tivesse o poder de paralisar o peixe, que por ela se deixa ser pescado (MOWAT; WERSTINE, 2010, p. 20; EVANS, 1997, p. 1694; WAITH, 1989, p. 88). Potter (1996, p. 151) acrescenta que, portanto, a águia-pescadora se tornou um símbolo da autoridade natural.

Para tal terei trabalho com Creonte.

PRIMEIRA RAINHA
E esse trabalho tem que ser p'ra já.
É preciso malhar o ferro quente;
Amanhã vai-se o ardor. E a faina inútil
Terá por recompensa só o suor.
Ele agora acredita estar seguro,
Sequer sonha estarmos diante de vós,
Lavando as nossas súplicas em lágrimas,
P'ra clarear a nossa petição.

SEGUNDA RAINHA
Agora podereis surpreendê-lo,
Embriagado que está pela vitória.

TERCEIRA RAINHA
Seu exército cheio de pão e ócio.

TESEU
Artésio, sabes, melhor que ninguém,
Escolher os mais aptos p'ra esta ação,
E os números precisos p'ra cumpri-la:
Recruta os nossos homens mais valentes,
Enquanto seguimos co' este grande ato
Da nossa vida, co' este desafio
Ao destino, com nosso casamento.[37]

PRIMEIRA RAINHA [*Dirigindo-se à Segunda e à Terceira*].
Dêmo-nos as mãos. Sejamos as viúvas
Do nosso sofrimento. A demora
Faz definhar a nossa esperança.

TODAS [*as Rainhas*].
Adeus.

---

[37]Teseu fala no chamado "plural majestático".

1.1

SEGUNDA RAINHA

Chegamos em hora imprópria, mas pode
A dor escolher, qual juízo sereno,
O momento propício para a súplica?

TESEU

Mas, caras senhoras, este serviço
Que agora me ocupa é maior
Do que todos; p'ra mim, importa mais
Que todas as ações que realizei
Ou que futuramente enfrentarei.

PRIMEIRA RAINHA

É o mesmo que dizer que o nosso pleito
Será esquecido, quando os braços dela,
Capazes de impedir que o próprio Júpiter
Chegue até o concílio, vos laçarem
Sob o luar leniente. Quando aquele
Par de cerejas verter sua doçura
Em vossos lábios mais que sequiosos,
Como havereis de pensar em reis pútridos
E rainhas choronas? Podereis
Vos importar com o que não sentis,
Se aquilo que sentis é bem capaz
De afastar Marte até do seu tambor?
Ah! Se co' ela deitardes uma noite,
Cada hora vos faz de outras cem cativo,
E de nada havereis de recordar,
Além do que o banquete vos enseja.

HIPÓLITA [*Dirigindo-se a Teseu*].

Duvido que chegásseis a tal ponto,
E lamento fazer-vos tal pedido,
Mas, penso, se do prazer não me abstenho —
Criando um desejo mais profundo —,
E curo o mal que exige pronta ação,

Sou maldita por todas as mulheres.
  [*Ajoelha-se*].
Portanto, senhor, aqui ponho à prova
O meu pedido, a ver que força tem,
Ou se devo ao silêncio condená-lo:
Adiai o evento que nos concerne;
Perante o coração pendura o escudo —
À volta de um pescoço que hoje é meu,
E que, de mui bom grado, ao serviço
Dessas pobres rainhas eu empresto.

TODAS AS RAINHAS [*Dirigindo-se à Emília*].
  Acudi-nos agora!
  Nossa causa pede os vossos joelhos.

EMÍLIA [*Ajoelhando-se diante de Teseu*].
  Se ao pleito de mi'a irmã não acederdes,
  Com a presteza e o afeto que ela expressa,
  Não me atrevo a pedir-vos coisa alguma,
  Nem audaz serei a querer marido.

TESEU
  Por favor, levantai-vos.
      [*Hipólita e Emília levantam-se*].
  Estou me convencendo a fazer
  Aquilo que me pedis de joelhos.
  Pírito, leva a noiva; vai rogar
  Aos deuses a vitória e meu regresso;
  Nada omitas do rito programado.
  Rainhas, acompanhai vosso soldado.
      [*Dirigindo-se a Artésio*].
  Quanto a ti, vem juntar-te a nós em Áulis,[38]
  Com as forças que puderes reunir,
  Onde encontraremos a outra metade
  Das forças p'ra uma ação maior que esta.

---

[38]Antigo porto da Grécia, célebre por ter sido o ponto de partida da frota grega com destino a Troia.

1.1

> [*Sai Artésio*].
> [*Dirigindo-se à Hipólita*].
> Por causa da urgência do assunto,
> Deixo este beijo em teus lábios carmins;
> Guarda-o, querida, como uma lembrança.
> Ide, pois, que vos quero ver partir.
> [*A procissão do casamento se põe em marcha*].
> *Saem em direção ao templo.*
> Adeus, bela cunhada. Mantém, Pírito,
> A festa plena; não a abrevies!

PÍRITO

> Senhor, sigo de perto as vossas ordens.
> A festa aguardará vosso regresso.

TESEU

> Amigo,[39] ordeno, não saias de Atenas.
> Estaremos de volta para a festa;
> Não a abrevies, peço-te. Adeus!
> [*Saem todos, exceto Teseu e as Rainhas*].

PRIMEIRA RAINHA

> Assim confirmais o que diz o mundo.

SEGUNDA RAINHA

> E ganhais divindade igual a Marte.

TERCEIRA RAINHA

> Se não superior, pois, sendo mortal,
> Sabeis submeter a paixão à honra;
> E dizem que os próprios deuses sofrem
> Sob o domínio da paixão.

TESEU

> Sendo homens,

[39] O original assinala "*cousin*", mas Pírito não é parente de Teseu. À época, "*cousin*" denotava também uma forma de tratamento cortês, significando "amigo" (POTTER, 1996, p. 157; WAITH, 1989, p. 92).

1.2

Assim devemos agir; se aos sentidos
Nos rendermos, perdemos o direito
Ao título.[40] Mais ânimo, senhoras.
Busquemos agora o vosso consolo.
   Clarinada. Saem.

Cena 2[41]

   Entram Palamon e Arcite.

ARCITE

Caro Palamon, mais caro no afeto
Que no sangue, meu primo favorito,[42]
Inda livres dos crimes deste mundo,
Deixemos Tebas e as suas tentações,
Para não embaçarmos todo o brilho
Da nossa juventude, pois aqui
A abstinência é tão vexaminosa
Quanto a incontinência; e não nadar
Com a corrente é quase se afogar,
Ou ao menos trair o próprio esforço.
Mas, seguir co' a corrente levaria
A um redemoinho, onde ou bem giramos,
Ou afundamos; e, sobrevivendo,
Nosso ganho é só vida e fraqueza.

PALAMON

Teu conselho é aprovado pelos fatos.
Quanta ruína temos visto em Tebas
Desde que começamos a ir à escola!
Cicatrizes e trapos, eis o lucro
Do servente de Marte, que anunciou,

---

[40]Potter (1966, p. 158) explica: isto é, deixamos de merecer o título de humanos e nos transformarmos em animais.

[41]Local: Tebas, o palácio.

[42]Conforme costuma ser o caso, as primeiras palavras pronunciadas por um protagonista shakespeariano exprimem um tema central à peça. Aqui, Arcite deixa clara a importância da amizade entre ele e Palamon, e o tema da amizade é reiterado nas relações entre Teseu e Pírito, Emília e Flavina.

1.2

Como recompensa aos seus fins insólitos,
Ouro e honrarias, o que, embora ganho,
Não deteve, e agora é o escárnio
Da paz p'la qual lutou. Quem, então,
Se entrega ao desprezado altar de Marte?
Sangro quando o encontro; quem me dera,
Juno tivesse outra crise de ciúme,[43]
Para dar aos soldados que fazer,
Purgando a paz dos seus muitos excessos
E resgatando-lhe o bom coração,
Ora mais duro e rude que na guerra.[44]

ARCITE

Não esqueceste algo? Não vês ruínas
Nas ruas e becos de Tebas, senão
Nos soldados? A princípio falaste
Como se visses podres mais diversos.
Não vês quem desperte a tua compaixão,
Só o pobre soldado?

PALAMON

Sim, lamento
A miséria, seja lá de quem for,
Sobretudo daqueles cuja lida
Suada e honrada é paga com gelo.[45]

ARCITE

Não era disso que eu queria falar.
Isso é virtude aqui desrespeitada.[46]
Eu falava de Tebas — do perigo

[43]Na mitologia clássica, o ciúme de Juno foi causa de muitas guerras. O exemplo mais célebre é a Guerra de Troia, que Juno provocou por ciúme, quando Páris aponta Afrodite (Vênus) como a mais bela entre as deusas. A invocação feita por Palamon alude também à Guerra de Tebas, cujos motivos incluem o ciúme de Juno, que passa a odiar a cidade depois que Júpiter (seu irmão e marido) seduz duas tebanas, Alcmene e Semele.

[44]Potter (1996, p. 160) explica a imagem, comentando que a paz é aqui vislumbrada como mais saudável e mais generosa, ao ser contrastada com a guerra.

[45]Ou seja, com frieza, com desprezo.

[46]Isto é, a consideração pelos soldados.

Que é viver aqui, se formos honrados,
Onde o mal tem bela cor; onde o que
Parece bom é mal; onde não ser
Igual aos daqui é ser estrangeiro,
E, sendo como eles, seremos monstros.

PALAMON

Se não quisermos agir qual macacos,[47]
Sejamos mestres da nossa conduta.
Por que hei de imitar o andar de alguém,
Que dissimula onde existe fé?
Ou me encantar co' o jeito que outro fala,
Se ao meu modo me faço entender bem —
E inda me salvo, falando a verdade?
Estarei obrigado, por dever,
A seguir o que segue seu alfaiate,
Talvez, até que o perseguido siga
O perseguidor?[48] Dize-me por que
Meu barbeiro não é abençoado,
Nem meu pobre queixo, por não ter sido
Aparado segundo algum modelo?
Que lei me força andar com o florete
Na mão, ou na ponta do pé flanar
Por ruas inda limpas?[49] Posso ser
O cavalo da frente, mas não sigo
Na parelha de trás. Mas tais feridas
Leves dispensam ervas. Existe algo
Que rasga o peito, quase o coração...

ARCITE

Nosso tio Creonte.

---

[47]Turner e Tatspaugh (2012, p. 79) esclarecem que Shakespeare costuma se referir a macacos como reflexos distorcidos do ser humano. Em português, temos o a locução "fazer macaquice".

[48]Isto é, até que o alfaiate persiga o cliente, cobrando-lhe a conta vencida.

[49]Waith (1989, p. 95) comenta que seria grande sinal de afetação caminhar na ponta do pé por uma rua limpa. Segundo Potter (1996, p. 162), Palamon acredita que só se deve caminhar na ponta dos pés para evitar que as botas se sujem de lama.

1.2

PALAMON

Ele mesmo, tirano desmedido,
Cujo êxito anula o temor ao céu
E faz a vilania acreditar
Que nada lhe supera o poder;
Quase abala a fé e a sorte diviniza;
Que arroga a si, à sua força e energia,
Os atos dos outros; impõe a guerra,
E do espólio e da glória se apropria;
Não teme fazer mal, o bem não ousa.
Que o sangue do nosso parentesco
Por sanguessugas seja-me sorvido,
E que explodam com o fluido ruim!

ARCITE

Primo, de nobre espírito, deixemos
Esta corte, p'ra não compartilharmos
Dessa infâmia flagrante; pois o leite
Tem o gosto do pasto, e se não formos
Rebeldes, vis seremos; seus parentes
De sangue não somos, senão como ele.[50]

PALAMON

Nada é mais verdadeiro. Creio que o eco
Da desonra dele sela os ouvidos
Da justiça divina. Os lamentos
Das viúvas refluem p'las gargantas
E não contam com a audiência dos deuses.
Valério!

Entra Valério.

VALÉRIO

O Rei vos chama; mas ide sem pressa,
Até que toda a sua raiva se acalme.

[50]Isto é, se não formos como ele.

Febo, ao partir o cabo do chicote
E condenar os cavalos do sol,[51]
Somente murmurava, comparado
À sua fúria.

PALAMON

                    Qualquer brisa o abala.
    Então, o que se passa?

VALÉRIO

Teseu, cujas ameaças são terror,
Lança-lhe um desafio mortal, decreta
A desgraça de Tebas e, a caminho,
Vem selar a promessa da sua fúria.

ARCITE

Que venha!
A não ser que com os deuses esteja,
Não nos causa o menor temor. E mais,
Que homem não reduz a própria força
A um terço — falo de cada um de nós —,
Quando suas ações são enlameadas
P'la certeza que a causa não é boa?

PALAMON

Esquece isso. É a Tebas, não a Creonte,
Que servimos. Ficar neutro é desonra,
Oposição é traição. Portanto,
Devemos apoiá-lo, à mercê
Do nosso próprio destino, que marca
Nosso minuto final.

ARCITE

                    Assim seja.

[51]Referência à indignação de Febo/Apolo, ao receber a notícia que seu filho, Feton, tentando guiar a carruagem do sol (com autorização do pai), perde o controle do veículo, quase destrói a Terra (com as labaredas do astro) e acaba sendo atingido pelo raio de Júpiter.

1.3

[*Dirigindo-se a Valério*].
A guerra é inevitável, ou depende
De alguma condição?

VALÉRIO

Já começou;
A notícia chegou co' o desafio.

PALAMON

Ao Rei! Tivesse ele a quarta parte
Da honra do inimigo, nosso sangue
Seria um benefício à saúde,
Investimento, e não desperdício.[52]
Mas, se as mãos agem sem os corações,
Que estrago hão de causar os nossos golpes?

ARCITE

Que o desfecho, esse árbitro infalível,
Nos confirme, quando tudo soubermos;
Sigamos o aceno do destino.
                    Saem.

Cena 3[53]

Entram Pírito, Hipólita e Emília.

PÍRITO

Daqui deveis voltar.

HIPÓLITA

Senhor, adeus.
Meus votos reiterai ao grande Duque,
Cujo êxito não ouso duvidar;
E que as forças lhe sobrem, eu desejo,
Caso haja de se opor à má Fortuna.

---

[52]Sangramento controlado era tratamento médico bastante comum à época.
[53]Local: Diante das portas de Atenas, até onde Hipólita e Emília acompanham Pírito, de partida para Tebas.

Sucesso para ele. Abundância
Não faz mal a quem sabe governá-la.

PÍRITO

Embora saiba que seu mar prescinda
Das minhas pobres gotas, mesmo assim,
Tais gotas um tributo lhe oferecem.
Preciosa donzela, as qualidades
Com que o céu investe os melhores seres
Guardai em vosso terno coração!

EMÍLIA

Obrigada, senhor. Saudai, por mim,
Nosso irmão real, cujo triunfo rogo
À notável Belona;[54] e porque,
Em nosso estado terreno, pedidos
Sem oferendas não são atendidos,
Hei de ofertar-lhe o que dizem ser
Do seu agrado. Nossos corações
Estão com seu exército, em sua tenda.

HIPÓLITA

Em seu peito. Nós já fomos soldados,
E chorar não podemos, quando amigos
Vestem elmos e se fazem ao mar,
Ou falam de criança morta à lança,
Ou de mulher que encharca o próprio filho
Nas lágrimas salgadas que verteu
Ao matá-lo, antes de devorá-lo.
Se quereis que ajamos qual tecelãs,[55]
Aqui vos deteremos para sempre.

---

[54]Ver nota 30.
[55]O original registra aqui *"spinsters"*, a rigor, "solteirona, matrona". Sigo as glosas de Mowat e Werstine (2010, p. 38), Potter (1996, p. 168) e Waith (1989, p. 99), que ressaltam o sentido literal do termo, remetendo ao verbo *"to spin"*, "fiar, tecer". Hipólita, então, repreende Pírito, afirmando que ela e Emília não são afeitas a tarefas domésticas, e sim guerreiras, conforme ela própria acaba de dizer: "soldados".

1.3

PÍRITO

A paz seja convosco; vou à guerra,
Depois da qual, paz carece de prece.
Sai Pírito.

EMÍLIA

Que saudade ele sente do amigo!
Depois que ele partiu, nunca mais Pírito
Levou muito a sério os jogos da corte,
Que requerem empenho e talento;
Vitória ou derrota pouco lhe importam,
Uma coisa ocupando-lhe a mão, outra
Dominando-lhe o cérebro, e a mente
Tentando cuidar das disparidades.
Desde que o nosso grão-senhor partiu,
Tens observado Pírito?

HIPÓLITA

Com zelo,
E o admiro por isso. Aqueles dois
Já acamparam em locais tão perigosos
Quanto precários, juntos enfrentando
Fome e risco; cruzaram correntezas
Cuja força estrondosa era terrível,
E juntos lutaram no antro da morte,
Sendo pelo destino resgatados.[56]
O laço de amizade que os une,
Atado, tecido, trançado ao longo
Do tempo por mãos tão habilidosas,
Pode se desgastar, não desatar.
Penso que Teseu não pode ser árbitro
De si mesmo, rachando a consciência
E co’ as duas metades sendo justo,
Apontando a quem mais ama.[57]

[56]Alusão à jornada de Teseu e Pírito, em busca de Prosérpina, ao submundo, onde foram capturados por
Hades, mas resgatados por Hércules (ver nota 179).
[57]Trecho reconhecidamente ambíguo. Geralmente, esse verso é interpretado como se referindo à dificuldade
de Teseu em escolher entre Hipólita e Pírito (EVANS, 1997, p. 1698; WAITH, 1989, p. 100), apesar

EMÍLIA

Sem dúvida,
Alguém é mais amado, e a razão
Será chula, se a ti não apontar.
Tive uma companheira de folguedos;
Tu estavas na guerra, quando a tumba
Ela adornou, enchendo-a de orgulho.
Despediu-se da lua, que ficou pálida,
Quando ambas contávamos onze anos.

HIPÓLITA

Era Flavina.

EMÍLIA

Sim.
Falas do afeto entre Teseu e Pírito.
O deles tem mais base, é mais maduro;
Unido pelo juízo e, eu diria,
P'la necessidade que um tem do outro,
Rega as raízes trançadas do amor.
Mas ela, por quem falo e suspiro,
E eu éramos coisinhas inocentes,
Amávamos p'lo amor, qual elementos,
Que não sabem nem como e nem por que,
Mas cuja união resulta extraordinária,[58]
Assim as nossas almas atuavam.
Do que ela gostava, eu aprovava;
Se não, eu condenava, sem apelo.
A flor que eu colhia e entre os seios punha —
Que apenas começavam a brotar —
Ela ansiava por achar outra igual,
E a confiava ao mesmo berço inocente,

---

de Potter (1996, p. 170) sugerir que Hipólita afirma aqui uma noção corrente na Renascença, de que o amigo é um segundo eu. Na fala seguinte, Emília afirma que a comparação é entre Hipólita e Pírito. No entanto, na fala que segue, Hipólita afirma que a comparação deve ser entre Teseu e Pírito.

[58]Referência aos quatro elementos — terra, água, fogo e ar — que supostamente compunham o universo.

1.3

Onde, qual Fênix, morria em perfume.[59]
Na mi'a cabeça não havia enfeite
Que ela não imitasse; os seus gostos —
Por mais casuais — eu levava a sério,
Na hora de me vestir. Se eu aprendesse
Alguma canção nova, ou algo entoasse
Por acaso, sua alma viajava —
Melhor, se fixava — na melodia,
Cantando-a até enquanto sonhava.
Esse relato — que, sabe a inocência,
É filho bastardo de um velho afeto —
Demonstra que o afeto entre duas jovens
Pode exceder o dos sexos unidos.[60]

HIPÓLITA

Estás ofegante, e tua agitação
Significa que — assim como Flavina —
Nunca amarás alguém que se chame homem.

EMÍLIA

Estou certa que não.

HIPÓLITA

Pobre irmã! Nesse ponto já não creio —
Embora saiba que nele tu creias —
Qual não creio no lânguido apetite
Que recusa enquanto muito deseja.
Mas, é certo, irmã, se ao seu argumento
Eu cedesse, disseste já o bastante

[59]Pássaro mítico que, segundo a lenda, imolava-se numa pira construída com madeira aromática e, então, ressurgia das cinzas.

[60]A edição Folger registra *"in sex individuall"*, seguindo Q1 (p. 14). Desde 1750, no entanto, diversos editores emendaram a expressão, fixando a forma *"sex dividual"*, supondo que a palavra *individuall* tenha um único significado — "idêntico" —, e argumentando que Emília contrasta o afeto entre duas jovens com o afeto de um casal heterossexual. Porém, ao resgatarem a forma original do Q1, entre outras possibilidades, Mowat e Werstine (2010, p. 254) apontam que *"individuall"* pode também significar "indivisível" e se referir à união que define o casamento, e aduzem uma citação do *English Dictionarie*, publicado por Henry Cockerham (1623): *"Individuall, not to be parted, as man and wife"* ("Indivisível, que não pode ser separado, como esposo e esposa"). Sigo a opção que consta do meu texto-base, fixado por Mowat e Werstine.

P'ra me apartar dos braços de Teseu,
Por cujo sucesso agora me ajoelho,
Na certeza de que, mais do que Pírito,
Ocupo o trono do seu coração.

EMÍLIA

Não sou contra a tua fé, mas guardo a minha.
Saem.

Cena 4[61]

> *Trombetas. Som de batalha fora da cena; em seguida, som de uma retirada. Clarinada. Entram [por uma porta] Teseu, vitorioso [acompanhado de Cortesãos e Soldados. Entrando por outra porta], as três Rainhas o encontram, e diante dele se prostram.*

PRIMEIRA RAINHA

Astro algum vos seja desfavorável!

SEGUNDA RAINHA

O céu e a terra sempre vos acolham.

TERCEIRA RAINHA

A todo o bem que vos possam querer,
Hei de gritar "amém!".

TESEU

Os deuses justos, que do alto do céu
Nos contemplam, seu rebanho mortal,
Enxergam os que erram, e em seu tempo,
Os punem. Ide, os ossos dos esposos
Mortos buscai, e honrai-os triplamente;
Se nos ritos sagrados houver falhas,
Havemos de supri-las; designamos

---

[61]Local: Campo de batalha diante de Tebas.

1.4

Quem vos invista em honras que vos cabem,
E corrija tudo o que a nossa pressa
Fez imperfeito. Agora, pois, adeus,
E os bons olhos do céu que vos protejam.
Saem as rainhas.
[*Entram um Arauto e Soldados, carregando Palamon e Arcite em padiolas*].
Quem são esses dois?

ARAUTO

Homens de alta linhagem, a julgar
Pelas armaduras. Dizem em Tebas
Que são filhos de irmãs, do rei sobrinhos.

TESEU

Pelo elmo de Marte! Vi-os na guerra,
Como dois leões sujos pela presa,
Abrindo trilhas nas tropas perplexas.
Cravei os olhos neles — mereciam
Ser vistos por um deus. O que me disse
Um prisioneiro, quando perguntei
Como se chamavam?

ARAUTO

                                        Se permitis,
Seus nomes são Arcite e Palamon.

TESEU

É certo; isso mesmo, isso mesmo.
Não estarão mortos?

ARAUTO

                                Nem muito vivos.
Tivessem sido pegos ao sofrerem
Os últimos golpes, talvez pudessem
Ser salvos. Mas respiram e ainda
É possível afirmar que são homens.

1.4

TESEU

Pois, tratai-os qual homens. Só a borra
Desses dois vale mais — milhões de vezes —
Que o vinho de outros. Convocai
Todos os cirurgiões; e não poupeis
Os bálsamos mais caros. Suas vidas
Nos importam bem mais que a própria Tebas.
Antes de vê-los livres desse apuro,
No estado em que se achavam de manhã,
Livres e sãos, quisera vê-los mortos.
Mas, mil vezes, quero-os cativos meus,
Que da morte. Tirai-os, prontamente,
Deste ar, que a nós faz bem, a eles mal,[62]
E por eles fazei o que pudéreis —
Fazei mais, pois já vi que o horror, a fúria,
Clamor de amigo, fervor religioso,
Tentação de amor, capricho de amante,
Ânsia por liberdade, mania, febre
Atingem objetivos que a Natura,
Sem estímulo, não logra alcançar,
Pois, inflamada, a força de vontade
Supera a razão.[63] Pelo nosso amor
E p'la graça de Apolo, que os melhores
Ofertem o melhor do seu talento.
Entremos na cidade, onde após
Resgatarmos a ordem, para Atenas
Partiremos, à frente do exército.

Clarinada. Saem.

---

[62]Acreditava-se que o ar puro fosse prejudicial à cicatrização de feridas (MOWAT; WERSTINE, 2010, p. 46; POTTER, 1996, p. 176; WAITH, 1989, p. 105).

[63]Esse trecho, notoriamente difícil, costuma ensejar várias interpretações. A meu ver, a interpretação mais plausível é que Teseu insta os médicos a se superarem, pois em situações extremas o ser humano realiza feitos extraordinários. Indiretamente, as palavras de Teseu sugerem simpatia pelos primos, desculpando-os pelo fato de ambos terem lutado junto a Creonte, porque os diversos motivos arrolados pelo Duque são capazes de fazer o ser humano agir irracionalmente.

1.5

Cena 5[64]

> *Música. Entram as Rainhas, com os esquifes dos reis, em solene cortejo fúnebre.*

> [*Cântico fúnebre*].

> *Trazei urnas e odores;*
> *Fumaça e choro são dores;*
> *Luto mais mortal que a morte;*
> *Bálsamo, incenso e pesares,*
> *Lágrimas e tristes ares,*
> *Clamores de toda sorte.*

> *Vinde, amantes do sofrer,*
> *Inimigos do prazer;*
> *A dor viemos trazer.*
> *A dor viemos trazer.*

TERCEIRA RAINHA [*Dirigindo-se à Segunda*].
    Esta trilha leva ao vosso jazigo.
    Que a alegria possais reencontrar.
    E que ele durma em paz.

SEGUNDA RAINHA [*Dirigindo-se à Primeira*].
    E esta, ao vosso.

PRIMEIRA RAINHA [*Dirigindo-se à Terceira*].
    O vosso é por ali. O céu provê
    Mil caminhos diversos e um só fim.

TERCEIRA RAINHA
    O mundo é uma vila de rua torta,
    E a morte é a praça que a todos comporta.

> *Saem separadamente.*

---

[64]Local: Campo de batalha.

ATO II

Cena 1[65]

> *Entram o Carcereiro e o Pretendente.*

CARCEREIRO

De pouco posso abrir mão, enquanto estiver vivo; posso dar-vos alguma coisa, não muito. Ai de mim! Esta prisão que guardo, embora destinada aos grandes, eles raramente aparecem;[66] antes de pegar um salmão, temos de pegar muita sardinha. Consta que eu esteja mais forrado do que, na realidade, estou. Quem me dera ser aquilo que dizem que sou. Ora! O que eu possuir, seja lá o que for, darei à minha filha no dia da minha morte.[67]

PRETENDENTE

Senhor, não peço senão o que me ofereces, e à tua filha proverei o que prometi.

CARCEREIRO

Bem, sobre isso falaremos mais depois das núpcias.[68] Mas tendes mesmo a promessa dela? Quando isso estiver confirmado, darei o meu consentimento.

> *Entra a Filha do Carcereiro [carregando palha].*

PRETENDENTE

Tenho, senhor. Aí vem ela.

---

[65]Local: Atenas, o jardim do palácio, visto das janelas de uma prisão.

[66]Mowat e Werstine (2010) esclarecem a queixa, explicando que prisioneiros costumavam pagar aos carcereiros.

[67]Em se tratando de uma cena entre indivíduos de classe social inferior, tipicamente, o diálogo transcorre em prosa. Esse tipo de modulação formal ocorre em outros trechos do texto da peça.

[68]Isto é, das bodas de Teseu e Hipólita.

2.1

CARCEREIRO [*Dirigindo-se à Filha*].

Teu amigo e eu estávamos falando de ti, da velha questão. Mas agora basta de conversa; assim que a festa acabar, levaremos o assunto a termo. Enquanto isso, cuida bem dos dois prisioneiros. Digo-te que são príncipes.

FILHA

Estas palhas são para a cela deles. É uma pena estarem presos, e pena seria estarem fora da prisão. Penso que têm tanta resignação que envergonhariam a adversidade. O próprio cárcere se orgulha deles, e eles têm na cela o mundo inteiro.[69]

CARCEREIRO

Têm fama de serem homens íntegros.

FILHA

Pela minha honra, acho que a fama não lhes faz jus. Estão bem acima do que se diz.

CARCEREIRO

Ouvi dizer que, na batalha, ninguém os superou.

FILHA

É muito provável, pois são nobres até no sofrimento. Imagino como seriam, se tivessem sido vencedores, visto que com tamanha nobreza conseguem arrancar liberdade da escravidão, transformando infelicidade em alegria e aflição em brincadeira.

CARCEREIRO

É mesmo?

FILHA

A mim parece que eles não têm mais consciência do cativeiro, do que eu de governar Atenas. Comem bem, estão animados, conversam sobre muitas coisas, mas nada falam sobre a prisão ou o revés que sofreram. Contudo, às vezes, um meio suspiro, que parece padecer ao ser libertado, escapa de

[69]Isto é, por serem tão amigos, nada lhes falta.

2.2

um deles — o que o outro logo reprova, com tamanha amabilidade que eu quisera ser o suspiro, para assim ser repreendida, ou a que suspira, para assim ser consolada.

PRETENDENTE

Ainda não os vi.

CARCEREIRO

O próprio Duque aqui veio, em sigilo, no meio da noite, e eles também.
Entram Palamon e Arcite [acorrentados], acima.
Não sei por quê. Olhai, lá estão eles; é Arcite quem está olhando para fora.

FILHA

Não, não, senhor. Aquele é Palamon. Arcite é o mais baixo dos dois; só pode ser visto em parte.

CARCEREIRO

Ora! Não apontes o dedo! Eles não fariam isso conosco. Vamo-nos, para que não nos vejam.

FILHA

Olhar para eles é uma festa. Deus! Que diferença há entre os homens!
Saem [Carcereiro, Filha e Pretendente].

Cena 2[70]

Palamon e Arcite [ainda, acima].

PALAMON

Como vais, primo nobre?

ARCITE

E tu, como estás?[71]

---

[70]Local: o mesmo da cena anterior.
[71]Embora Waith (1989, p. 109) e Turner e Tatspaugh (2012, p. 95) atribuam esta cena a Fletcher, o fato é que, frequentemente, Shakespeare compõe com extrema originalidade o diálogo inicial entre protagonistas (cf. Antônio e Cleópatra; Romeu e Julieta; Hamlet, Cláudio e Gertrudes). Aqui, por exemplo, antes de responder à pergunta feita por Palamon, quanto ao seu bem-estar, Arcite formula outra pergunta,

2.2

PALAMON

    Ora! Forte bastante para rir
    Do azar e arcar co' as surpresas da guerra;
    Porém, receio, primo, que p'ra sempre
    Seremos prisioneiros.

ARCITE

                Assim creio,
    E, resignado, a tal destino entrego
    O meu futuro.

PALAMON

            Ah! Meu primo, Arcite,
    Cadê Tebas? Cadê o nobre país?
    Cadê nossos amigos e parentes?
    Não mais terão conforto nossos olhos,
    Nunca mais veremos jovens audazes
    Competir em justas, em nome da honra,
    Ornados com as cores de suas damas,
    Qual navios com velas hasteadas;
    Do grupo destacando-se, deixando-os
    Para trás, como nuvens preguiçosas
    No vento leste, Palamon e Arcite,
    Num piscar de olhos, ganham o favor
    Do público e os louros arrebatam
    Antes de terem tempo de almejá-los.
    Ah! Jamais haveremos de com armas
    Nos exercitar, qual gêmeos em honra,
    E sentir nossos fogosos cavalos,
    Embaixo de nós qual o mar revolto.
    Nossas espadas — o próprio deus Marte
    Melhores não teve — são arrancadas
    Dos nossos flancos e, qual velharia,
    Vão enferrujar e ornar os templos

---

indagando sobre o bem-estar do primo. Um subtexto plausível é que ambos estão mais preocupados um com o bem-estar do outro do que com o próprio.

De deusas que nos odeiam;[72] não mais
Estas mãos vão sacá-las, como um raio,
Para destruir exércitos inteiros.

ARCITE

Não, Palamon, conosco prisioneiras
Estão tais esperanças. Cá ficamos,
E aqui devem murchar todas as graças
Da nossa juventude, qual precoce
Primavera. Aqui vai nos achar
A velhice e — inda pior — Palamon —
Solteiros. Os abraços carinhosos
De uma esposa-amante, cheios de beijos
E armados por mil Cupidos, jamais
Serão nossos; e filhos não teremos —
Imagens nossas não contemplaremos,
Para na velhice nos alegrar,
E lhes ensinar, como a jovens águias,
A encarar a arma faiscante e dizer:
"Lembrai dos vossos pais, e conquistai!"
Donzelas de olhos belos vão chorar
O nosso exílio, e em canções maldizer
A cega Fortuna, que, com vergonha,
Vai perceber o mal que infringiu
Aos jovens e também à Natureza.
Isto é o nosso mundo. Nada mais
Veremos aqui, exceto um ao outro,
Nada mais ouviremos, só o relógio
Que conta as nossas dores. Os vinhedos
Hão de crescer, sem que nós os vejamos;
O verão chegará, com suas delícias,
Mas o inverno, com seu frio mortal,
Aqui vai para sempre habitar.

[72]Na condição de tebanos, Palamon e Arcite eram odiados por Atena e Juno.

2.2

PALAMON

É verdade, Arcite. Nossos cães tebanos,
Cujo eco sacudia a velha floresta,
Já não podemos atiçar; tampouco
Brandir nossas lanças, enquanto o irado
Javali quer fugir da nossa fúria,
Cravejado de setas afiadas.
Todo ato de bravura, que alimenta
E nutre os espíritos mais nobres,
Conosco aqui perece; morreremos,
Por fim — morte que é um insulto à honra —
Filhos do sofrimento e do ostracismo.

ARCITE

Porém, primo, no fundo desses males,
Em tudo o que a Fortuna nos infligir,
Vejo surgir dois consolos, duas bênçãos,
Se os deuses permitirem: exercer
Aqui u'a resignação corajosa
E partilhar a nossa desventura.
Enquanto Palamon comigo está,
Morra eu, se pensar que isto é prisão!

PALAMON

Decerto, primo, é u'a benção ser gêmea
Nossa fortuna. É verdade que almas
Em dois nobres corpos, que juntas sofrem
As agruras do azar, juntas progridem,
Jamais sucumbem; isso não ocorre.
Homens resignados morrem dormindo.

ARCITE

Vamos dar a este lugar odiado
Um uso digno?

PALAMON

Como, primo nobre?

ARCITE

Tenhamos a prisão por santuário
Que nos livra da corrupção dos vis.
Somos jovens e a via da honra buscamos,
Da qual a liberdade e a baixeza,
Venenos p'ra os espíritos mais puros,
Como mulheres, talvez nos desviassem.
Que bênçãos dignas podem existir
Das quais as nossas imaginações
Não possam se apropriar? Juntos, aqui,
Somos u'a mina infinda, um para o outro;
Somos esposos, cujo afeto sempre
Renasce; somos pais, amigos, sócios;
Um a família do outro; sou teu herdeiro,
E tu és o meu. O nosso legado
É este lugar; que nenhum tirano
Ouse tirar-nos; aqui, com paciência,
Teremos vida longa e afetuosa.
Os excessos aqui não nos perseguem;
A mão da guerra aqui fere ninguém,
Nem os mares tragam a juventude.
Estivéssemos livres, e uma esposa
Poderia legalmente separar-nos,
Ou os interesses; rixas, talvez,
Nos destruíssem; a inveja dos maldosos
Haveria de entre nós se interpor.
Talvez eu caísse doente, primo,
Onde não soubesses, e perecesse
Sem tuas nobres mãos cerrando-me os olhos,
Sem tuas preces aos deuses. Mil acasos,
Nos apartariam, nós aqui não estando.

2.2

PALAMON

Tu me deixaste — grato primo Arcite —
Quase enamorado do cativeiro.
Que infelicidade é viver lá fora!
Assim vivem as feras, penso eu.
Aqui a corte é mesmo mais contente;
E todos os prazeres que seduzem
Os homens à vaidade, agora, vejo
E digo ao mundo: são sombra luxuosa,
Que o velho Tempo carrega consigo.
O que seria de nós, se envelhecêssemos
Na corte de Creonte, onde o delito
É justiça, a luxúria e a ignorância,
São virtudes dos grandes? Primo Arcite,
Não tivessem os bons deuses achado
Para nós este lugar, morreríamos
Como tais cortesãos, velhos indignos,
Não chorados, e nossos epitáfios,
Os deles, com a maldição do povo.
Digo mais?

ARCITE

Quero ouvir-te.

PALAMON

Vais ouvir.
Terá existido dois que mais se estimem
Do que nós, Arcite?

ARCITE

Certo que não.

PALAMON

Não creio que a nossa amizade um dia
Nos abandone.

ARCITE

Até morrermos, não.

Entram Emília e sua Criada [embaixo].

E depois da morte nossos espíritos
Irão juntar-se aos que amam para sempre.

[Palamon vê Emília].

Prossegue, senhor.

EMÍLIA [*Dirigindo-se à Criada*].

Este jardim contém muitas delícias.
Que flor é esta?

CRIADA

Narciso, senhora.

EMÍLIA

Era um belo rapaz, não resta dúvida,
Mas um tolo, por amar a si próprio.
Não havia donzelas suficientes?

ARCITE [*Dirigindo-se a Palamon, que se deslumbra com a visão de Emília*].

Por favor, continua.

PALAMON

Sim.

EMÍLIA [*Dirigindo-se à Criada*].

Ou será que eram todas insensíveis?

CRIADA

Não diante de um rapaz tão atraente.

EMÍLIA

Tu não o serias.

2.2

CRIADA

Não creio, senhora.

EMÍLIA

És boa moça. Mas cuida, p'ra não seres
Boa demais.

CRIADA

Por que, minha senhora?

EMÍLIA

Os homens são loucos.

ARCITE [*Dirigindo-se a Palamon*].

Não falas, primo?

EMÍLIA [*Dirigindo-se à Criada*].

Não podes em seda bordar tais flores?

CRIADA

Posso, sim.

EMÍLIA

Quero um vestido todo cheio delas.
Que cor linda! Não vai bem numa saia?

CRIADA

Uma graça, senhora.

ARCITE

Primo, primo! Que tens? Ei, Palamon!

PALAMON

Só agora estou na prisão, Arcite.

2.2

ARCITE

    Mas, o que é isso, homem?

PALAMON

                            Olha, e admira!
    Céus! É uma deusa.

ARCITE [*Vendo Emília*].

                        Ah!

PALAMON

                            Faz reverência.
    É uma deusa, Arcite.

EMÍLIA [*Dirigindo-se à Criada*].

    Das flores todas, a rosa é a melhor.

CRIADA

    Por que, gentil senhora?

EMÍLIA

    É o emblema perfeito de uma virgem.
    Quando o doce vento oeste a corteja,
    Com que recato ela se abre e colore
    Com seu casto rubor o sol! Mas quando
    O norte se aproxima, rude e afoito,
    Ela, igual à própria castidade,
    Fecha suas belezas num botão,
    E os cruéis espinhos deixa ao vento.

CRIADA

    Porém, boa senhora, certas vezes,
    Com o tal recato, ela se abre tanto
    Que chega a cair. Virgem que se preza
    Não segue tal exemplo.

2.2

EMÍLIA

Maliciosa!

ARCITE [*Dirigindo-se a Palamon*].
É maravilhosa.

PALAMON
É toda a beleza que inda existe.

EMÍLIA [*Dirigindo-se à Criada*].
O sol vai alto. Entremos. Guarda as flores.
Veremos se a arte os tons lhes imita.[73]
Sinto-me radiante. Quero até rir.

CRIADA
Eu quero é me deitar.

EMÍLIA

Mas, com alguém?

CRIADA
Depende da barganha, mi'a senhora.

EMÍLIA
Que seja boa, então.

Saem Emília e a Criada.

PALAMON
Que achas dessa beldade?

ARCITE

Coisa rara.

---

[73]Referência ao bordado que será inspirado pelas flores.

PALAMON

    Apenas rara?

ARCITE

               Sim, beleza única.

PALAMON

    Não é de se perder de amor por ela?

ARCITE

    O que se passou contigo, não sei;
    Eu já me perdi. Ah! Olhos malditos!
    Agora é que me sinto algemado.

PALAMON

    Tu a amas?

ARCITE

            Quem não amaria?

PALAMON

                  E a queres?

ARCITE

    Mais que a liberdade.

PALAMON

            Eu a vi primeiro.

ARCITE

    Isso é nada.

PALAMON

         Mas deveria ser.

2.2

ARCITE

    Também a vi.

PALAMON

          Sim, mas não vais amá-la.

ARCITE

    Não como tu, que queres venerá-la
    Qual deusa celestial e abençoada.
    Amo-a como mulher, p'ra desfrutá-la.
    Podemos amá-la ambos.

PALAMON

          Tu não vais.

ARCITE

    Não vou, não, é? Quem pode me impedir?

PALAMON

    Eu, que a vi primeiro, que com meus olhos
    Tomei posse de todas as belezas
    Nela reveladas à humanidade.
    Se a amas, ou pretendes destruir
    Os meus desejos, és um traidor,
    Arcite, tão falso quanto são falsos
    Teus direitos sobre ela. Amizade,
    Sangue e todos os laços entre nós
    Renego, se nela sequer pensares.

ARCITE

    Sim, eu a amo. E mesmo que a vida
    Dos meus disso dependa, assim será.
    Amo-a com minha alma. Se por isso
    Perco a ti, Palamon, adeus. Repito:
    Amo-a e, amando-a, afirmo ser
    Um amante tão digno e tão nobre,

E ter tanto direito à sua beleza,
Quanto qualquer Palamon, ou qualquer
Sujeito que seja filho de homem.

PALAMON

Já te chamei de amigo?

ARCITE

Sim, e amigo tenho sido. Por que
Estás tão alterado? Vou falar-te
Com frieza: não sou parte do teu sangue,
Parte da tua alma? Já me disseste
Que eu era Palamon, e tu, Arcite.

PALAMON

Sim.

ARCITE

Não estarei sujeito aos sentimentos,
À alegria, angústia, raiva e medo
Que meu amigo possa ter?

PALAMON

                    Talvez.

ARCITE

Por que ages, então, com tanta esperteza,
De modo tão estranho, tão impróprio
A um primo nobre e vais amar sozinho?
Fala com franqueza: pensas que sou
Indigno de olhar p'ra ela?

PALANON

                    Não, mas és
Injusto se a visão tu perseguires.

2.2

ARCITE

> Porque outro vê primeiro o inimigo,
> Devo ficar parado, frustrar a honra
> E nunca atacar?

PALAMON

> Sim, se for apenas um.[74]

ARCITE

> Mas, digamos,
> E se esse um quiser me combater?

PALAMON

> Que ele assim o declare, e poderás
> Agir livremente. Mas, se a persegues,
> Serás como o maldito que odeia
> O próprio país, qual vilão marcado.

ARCITE

> Estás louco.

PALAMON

> Assim preciso ser.
> Até que voltes a ser digno, Arcite,
> A questão me interessa. E se me atrevo,
> Nesta loucura, a vida te tirar,
> Ajo com justiça.

ARCITE

> Ora! meu senhor!
> Ages como criança. Vou amá-la;
> Preciso, devo e ouso assim fazer.
> E tudo isso é justo.

---

[74]Mowat e Werstine (2010, p. 72) comentam que, segundo a ordem de cavalaria, era proibido dois cavaleiros atacarem um.

PALAMON

Ah! Se agora,
Agora mesmo, a tua falsa pessoa
E este amigo contassem com a sorte
De ter uma hora de liberdade,
Para empunharmos nossas boas espadas,
Eu logo te ensinava o quanto custa
Roubar a amada do outro. Nisso és pior
Que qualquer punguista. Põe a cabeça
Fora desta janela mais u'a vez,
E nela eu te prego, por minha alma.

ARCITE

Não ousas, tolo; não podes; és fraco.
Pôr a cabeça fora? Vou lançar
O corpo, e pular lá no jardim,
Quando tornar a vê-la, e me atiro
Em seus braços, só para te irritar.

Entra o Carcereiro [acima].

PALAMON

Basta; o carcereiro! Hei de viver
P'ra co' as algemas rebentar teus miolos.

ARCITE

Faz isso!

CARCEREIRO

Com a vossa permissão, meus senhores.

PALAMON

Então, leal carcereiro?

2.2

CARCEREIRO

Senhor Arcite, sois chamado ao Duque.
Desconheço o motivo.

ARCITE

Pronto, guarda.

CARCEREIRO

Príncipe Palamon, devo privar-vos
Da companhia do vosso belo primo.

Saem Arcite e o Carcereiro.

PALAMON

E de mim, se quiseres, priva a vida —
Por que é chamado? P'ra casar com ela?
Tem bela figura e, decerto, o Duque
Notou-lhe o porte e a linhagem. Traidor!
Como pode um amigo ser tão falso?
Se isso lhe garantir uma mulher
Tão nobre e bela, que homens dignos
Nunca tornem a amar. Quisera ver
Tal beldade outra vez. Jardim bendito,
Benditas flores e frutos que crescem
Quando sobre vós brilha aquele olhar;
Quisera, pela sorte que me aguarda,
Ser aquele arbusto, damasco em flor!
Como eu estenderia os braços ávidos
À sua janela; eu lhe daria frutos
Dignos dos deuses; quando os degustasse,
Juventude e prazer redobrariam;
Se já não for celeste, eu a faria,
Por natureza, tão chegada aos deuses,
Que estes a temeriam.

Entra o Carcereiro [acima].

2.2

E então, é certo, ela me amaria.
Carcereiro, então, onde está Arcite?

CARCEREIRO

Foi banido. O nobre príncipe Pírito
Conseguiu libertá-lo,[75] mas jamais,
Sob juramento e pena capital,
Poderá ele pôr os pés no reino.

PALAMON[76]

Homem de sorte. Tebas vais rever,
E chamará às armas bravos jovens
Que, sob o seu comando, atacarão
Qual o fogo. Arcite terá a chance
De demonstrar que é digno amante,
Por ela atuando em campo de batalha,
E, se assim perdê-la, será covarde.
Com quanta bravura vai conquistá-la,
Se for o nobre Arcite — mil maneiras!
Se estivesse livre, eu realizaria
Feitos tão virtuosos e grandiosos,
Que essa dama, essa tímida donzela,
Se faria homem p'ra me violentar.

CARCEREIRO

Senhor, para vós tenho como encargo...

PALAMON

Desencarregar-me da minha vida?

CARCEREIRO

Não, tirar daqui Vossa Senhoria;
É que as janelas não têm proteção.

[75]Potter (1996, p. 197) comenta que não fica esclarecido o motivo que leva Pírito a conseguir a liberdade de Arcite, mas observa que, no "Conto do Cavaleiro", de Chaucer, Pírito e Arcite, são grandes amigos.
[76]Mowat e Werstine (2010, p. 76) sugerem que esta fala seja à parte, de vez que o conteúdo é de natureza íntima, mas reconhecem que, no "mundo" da peça, um nobre não se importaria se suas revelações íntimas fossem ouvidas por um indivíduo de classe social inferior.

2.2

PALAMON

Que o diabo leve quem tanto me inveja!
Mata-me, por favor.

CARCEREIRO

E vou p'ra forca!

PALAMON

Por esta boa luz, se espada eu tivesse,
Eu te matava.

CARCEREIRO

Por que, meu senhor?

PALAMON

Trazes notícias vis, tão desprezíveis;
Não mereces viver. Daqui não saio.

CARCEREIRO

Mas deveis, meu senhor.

PALAMON

E poderei avistar o jardim?

CARCEREIRO

Não.

PALAMON

Então, está decidido; não vou.

CARCEREIRO

Então, devo forçar-vos; e por serdes
Perigoso, eis mais ferros.

PALAMON

Faz isso,

2.3

Bom carcereiro. Hei de sacudi-los
Tanto, que não vais dormir; hei de criar
Uma nova mourisca.[77] Tenho que ir?

CARCEREIRO

Não há remédio.

PALAMON

Adeus, cara janela.
Que o vento cruel jamais te cause danos.
Ah! Mi'a senhora, se a dor conheceis,
Sonhai quanto sofro. Vamos; sepulta-me.

Saem Palamon e o Carcereiro.

Cena 3[78]

Entra Arcite.

ARCITE

Banido deste reino? É um favor,
Uma graça p'la qual devo ser grato;
Mas banido de livre desfrutar
Do rosto por que morro foi castigo
Estudado, morte inimaginável,
Vingança que, fosse eu velho e perverso,
Sobre mim, a soma dos meus pecados
Não pesaria. Palamon, tens vantagem;
Ficas, p'ra ver a luz daqueles olhos,
Cada manhã, surgir à tua janela,
E trazer-te vida; serás nutrido

---

[77]O original registra "*morris*", *i.e.*, dança folclórica inglesa, protagonizada por homens portando sabres ou porretes, e sacudindo sinos e guizos. A *morris* remonta à mourisca, ou moresca — (italiano, *moresco, morisco, morisca*; inglês, *morris dance*; alemão, *Moreske, Moresketanz* —, "[...] dança satírica do Renascimento cujos intérpretes pintavam os rostos de cor escura, aludindo às batalhas entre cristãos e mouros." (DOURADO, 2004, p. 212). Outra peça de Shakespeare, *O Conto do Inverno*, apresenta uma dança similar (Ato IV, cena 4).

[78]Local: No campo, perto de Atenas.

2.3

Pela doçura de u'a nobre beleza
Que a natureza não vai superar.
Bons deuses! Como é feliz Palamon!
Vinte contra uma serão as chances
De que ele fale co' ela, e se ela for
Tão gentil quanto bela, será dele.
Ele tem uma lábia que aplaca
Tempestades e encanta pedregulhos.
Haja o que houver, o pior é a morte.
Não saio deste reino. Sei que o meu
É um monte de escombros, sem consolo.
Se eu for, ele a conquista. Decidi
Que um disfarce me salva ou me arruína.
De um jeito ou de outro serei feliz.
Hei de vê-la, estar perto dela, ou morro.

> *Entram quatro camponeses, precedidos por um com uma guirlanda.*
> [*Arcite fica de lado*].

PRIMEIRO CAMPONÊS[79]

Meus senhores, lá estarei, com certeza.

SEGUNDO CAMPONÊS

E eu lá estarei.

TERCEIRO CAMPONÊS

E eu.

QUARTO CAMPONÊS

Ora! Então, contai comigo, rapazes. No máximo, levamos uma esfrega.
Hoje o arado está de folga; amanhã eu cutuco os rabos dos pangarés.

---

[79]Tipicamente, o diálogo entre os camponeses, versando sobre questões mundanas, até obscenas, aparece
registrado em prosa. A despeito de atribuições de autoria desta cena, é fato que a preparação, a encenação
e a discussão sobre a dança mourisca, a ser apresentada pelos camponeses atenienses na corte e no
contexto do casamento de Teseu, estabelecem paralelos interessantes com uma comédia anterior escrita
por Shakespeare: *Sonho de Uma Noite de Verão*.

PRIMEIRO CAMPONÊS

Tenho certeza que minha esposa vai ficar ciumenta como uma pavoa,[80] mas pouco me importo. Vou em frente; ela que resmungue.

SEGUNDO CAMPONÊS

Embarca na tua mulher amanhã à noite, deixa a tua mulher bem cheinha, e tudo volta às boas.

TERCEIRO CAMPONÊS

Pois é, mete-lhe a régua na mão, e verás como ela aprende a nova lição e se faz boazinha. Todos de acordo sobre a Festa de Maio?[81]

QUARTO CAMPONÊS

De acordo? O que poderá nos impedir?

TERCEIRO CAMPONÊS

O Arcas vai.

SEGUNDO CAMPONÊS

E o Senois e o Ricas; e três rapazes melhores que eles nunca dançaram embaixo de uma árvore. E já conheceis as moças, hein! Mas pensais que o metido mestre-escola vai cumprir a promessa? Ele faz tudo, como bem sabeis.

TERCEIRO CAMPONÊS

Será mais fácil ele comer a cartilha do que faltar. Ora! A coisa entre ele e a Filha do Curtidor já foi longe demais, para deixar escapá-la agora; ela tem de ver o Duque, e tem de dançar também.[82]

QUARTO CAMPONÊS

Seremos animados?[83]

---

[80]A exemplo do peru, o pavão abre a cauda, supostamente, por ciúme, a fim de defender o território diante de qualquer intruso.

[81]As primeiras celebrações de maio remontam à Europa pré-cristã, com festividades celtas e germânicas. Embora, à medida que a Europa se cristianizou, a orientação pagã da festa diminuiu, uma versão secular da comemoração continuou a ser observada em escolas e igrejas europeias até o século XX. Nessa tradição o Dia de Maio se caracterizava por danças em redor do Mastro de Maio e pela coroação da Rainha de Maio, atividades geralmente realizadas no campo.

[82]Presumivelmente, a Filha do Curtidor de couro é uma das moças esperadas para a Festa de Maio.

[83]Evidentemente, trata-se de uma pergunta retórica.

2.3

SEGUNDO CAMPONÊS

Todos os rapazes de Atenas vão perder o fôlego, atrás de nós.[84] Eu pulo aqui, e pulo ali, pela honra da nossa cidade, e volto aqui e pulo ali de novo. Ah! Rapazes! Vivam os tecelões![85]

PRIMEIRO CAMPONÊS

Isso tem de ser feito no bosque.

QUARTO CAMPONÊS

Ah! Peço desculpas...

SEGUNDO CAMPONÊS

Claro. O nosso sabichão sempre diz isso — e ele mesmo, com seu palavrório, vai instruir o Duque a nosso respeito. No bosque ele é excelente; levai-o para campo aberto e seu saber se cala.

TERCEIRO CAMPONÊS

Vamos assistir aos jogos; depois cada um que se prepare. E, caros companheiros, vamos ensaiar, com certeza, antes que as mulheres nos vejam; se formos simpáticos, sabe Deus o que virá.

QUARTO CAMPONÊS

Combinado. Assim que os jogos acabarem, entramos em cena. Vamos, rapazes, e fazei valer a palavra dada.

      [*Arcite avança*].

ARCITE

Com a vossa licença, bons amigos: por favor, aonde ides?

QUARTO CAMPONÊS

Aonde? Ora! Que pergunta!

---

[84]O original registra "*blow wind i' th' breech on 's*". Sigo as glosas de Mowat e Werstine (2010, p. 82), Potter (1996, p. 202) e Waith (1989, p. 123).

[85]Certamente, o Segundo Camponês dança enquanto enuncia essa fala. Potter (1996, p. 202) comenta que, a exemplo de Bottom (em *Sonho de Uma Noite de Verão*), o Segundo Camponês é tecelão, e aqui representa a cidade e o ofício.

2.3

ARCITE

Sim, para mim é uma pergunta, pois não sei.

TERCEIRO CAMPONÊS

Aos jogos, meu amigo.

SEGUNDO CAMPONÊS

Onde foste criado, que não sabes?

ARCITE

Não foi longe daqui, senhor. Há, então, jogos hoje?

PRIMEIRO CAMPONÊS

Sim, há! E tais como nunca viste. O próprio Duque lá estará.

ARCITE

E que jogos são esses?

SEGUNDO CAMPONÊS

Luta e corridas — é um rapagão.[86]

TERCEIRO CAMPONÊS

Não queres vir?

ARCITE

Ainda não, senhor.

QUARTO CAMPONÊS

Bem, senhor, podes ir mais tarde. Vamos, rapazes.

PRIMEIRO CAMPONÊS[*À parte, dirigindo-se aos demais*].

Alguma coisa me diz que esse sujeito sabe dar um tremendo golpe de ancas. Notai como ele é forte.

---

[86]A segunda metade desta fala costuma ser marcada como à parte.

2.4

SEGUNDO CAMPONÊS [*À parte, dirigindo-se aos demais*].
Mas, que me enforquem, se ele ousar aparecer. Que seja ele enforcado!
Bobão! Lutar? Ele vai é fritar bolinho! Vamos embora, rapazes.

Saem os quatro.

ARCITE
Eis u'a oportunidade com a qual
Sequer ousei sonhar. Pois bem, lutar
Eu sabia — os melhores me julgavam
Excelente —, e corria mais que o vento
Num campo de trigo, curvando os grãos.
Vou me aventurar, co' um pobre disfarce.
Quem sabe, minha fronte não será
Coroada, e a sorte não me levará
A um lugar onde eu possa vê-la sempre?

Sai Arcite.

Cena 4[87]

Entra a Filha do Carcereiro, sozinha.

FILHA
Por que hei de amar esse cavalheiro?
É provável que nunca ele me queira.
Sou pobre, meu pai é um carcereiro,
E ele, um príncipe. Casar não espero,
Ser sua amante seria insensatez.
Que ideia! A que extremos somos levadas,
Nós, mocinhas, quando aos quinze chegamos!
Primeiro, o vi e o achei bem atraente;
Nele tanto há que agrade uma mulher —
Se quiser — como os meus olhos não viram.

[87]Local: Atenas, na prisão.

2.4

Depois, dele me apiedei, conforme
O faria qualquer outra moça, juro,
Que tivesse sonhado, ou prometido,
Ceder a virgindade a um belo jovem.
Depois, o amei, o amei intensamente,
Amei-o infinitamente! E ele tinha
Um primo, tão formoso quanto ele.
Mas no meu coração só Palamon
Habitava, e ali, Deus, que tumulto
Ele provocava! Ouvi-lo cantar,
À noite, é para mim o paraíso!
Contudo, suas canções são melancólicas.
Homem nenhum com tal meiguice fala.
Quando lhe trago água, de manhã,
Primeiro, ele faz nobre reverência,
E então assim saúda-me: "Bom dia,
Jovem bela e gentil, que tua bondade
Dê a ti feliz marido". Certa vez,
Beijou-me; por dez dias mais amei
Os meus lábios. Quisera ele fazê-lo
Todos os dias! Ele sofre muito —
E eu também, ao ver seu sofrimento.
Que devo fazer, para que ele saiba
Que o amo? Porque muito quero tê-lo.
E se eu o libertasse? E a justiça?
Que se danem a lei e os parentes![88]
Hei de fazê-lo, e ainda esta noite,
E amanhã, ele há de me amar.

Sai.

---

[88]A jovem se refere aqui ao próprio pai, que será punido se ela libertar Palamon.

2.5

Cena 5[89]

> *Breve som de clarinada e exclamações fora da cena. Entram Teseu, Hipólita, Pírito, Emília, Arcite [disfarçado], com uma guirlanda [Criados, e outros].*

TESEU [*Dirigindo-se a Arcite*].
> Competistes com bravura. Desde Hércules,
> Não vejo um homem com mais vigor físico.
> Quem quer que sejais, correis e lutais
> Melhor que ninguém nos tempos de hoje.

ARCITE
> Orgulho-me de vos ter agradado.

TESEU
> Em que região crescestes?

ARCITE
> Nesta mesma, mas longe daqui, príncipe.

TESEU
> Sois cavalheiro?

ARCITE
> Sim, disse meu pai,
> E p'ra ser cavalheiro me criou.

TESEU
> Sois o herdeiro?

ARCITE
> O caçula, senhor.[90]

---

[89] Local: Atenas, um campo aberto.
[90] Portanto, não o herdeiro.

TESEU

Decerto, vosso pai é homem feliz.
Que provas podeis dar?

ARCITE

Tenho um pouco
De todas as mais nobres qualidades.
Sei adestrar falcão e incitar
A matilha que ladra. Não me atrevo
A louvar meus feitos sobre um cavalo,
Mas dizem ser o meu melhor talento.
Por fim, e, sobretudo, qual soldado
Quero ser visto.

TESEU

Sois, então, completo.

PÍRITO

Por minha alma, um homem de verdade.

EMÍLIA

É mesmo.

PÍRITO [*Dirigindo-se à Hipólita*].
Que pensais dele, senhora?

HIPÓLITA

Admiro-o.
Nunca vi homem tão jovem e tão nobre,
Em sua classe, se é verdade o que diz.

EMÍLIA

Acreditai, sua mãe devia ser linda;
É o que sugere o rosto dele, acho eu.

2.5

HIPÓLITA
Mas o corpo e o sangue ardente sugerem
Um pai brioso.

PÍRITO
Notai como a virtude,
Sol oculto, surge p'lo traje humilde.

HIPÓLITA
É certo que tem berço.

TESEU [*Dirigindo-se a Arcite*].
Por que aqui viestes?

ARCITE
Nobre Teseu,
Quero conquistar fama, e meus melhores
Serviços render ao vosso valor;
Pois só na vossa corte, em todo o mundo,
Reside a honra de olhos justiceiros.

PÍRITO
Todas as palavras que diz são dignas.

TESEU
Senhor, muito devemos pela viagem
Que fizestes, e não será em vão
O vosso querer. Pírito, dispõe
Deste homem honrado.

PÍRITO
Grato, Teseu.
Quem quer que sejais, sois meu, e vos cedo
A um serviço mui nobre: desta dama,
Desta jovem virgem.
[*Ele apresenta Arcite à Emília*].

Vede quão digna;
Com as vossas proezas já honrastes
O seu aniversário, e por mérito,
Sois dela. Pois, beijai-lhe a mão, senhor.

ARCITE
Sois um nobre doador. Cara beldade,
Deixai-me assim selar meu juramento.
[*Beija-lhe a mão*].
Se o vosso servo, reles criatura,
Vos ofender, à morte o condenai,
E morto será.

EMÍLIA
Seria muito cruel.
Se mérito tiverdes, verei logo.
Sois meu servo, e acima da vossa classe
Hei de tratar-vos.

PÍRITO [*Dirigindo-se a Arcite*].
Provido sereis
De trajes e acessórios, e pois que
Vos dizeis cavaleiro, vos convido,
À tarde, a cavalgar — é brava a besta.[91]

ARCITE
Tanto melhor, príncipe; sendo assim,
Na sela não vou congelar.

TESEU [*Dirigindo-se à Hipólita*].
Querida,
Aprontai-vos — e vós Emilia — e todos,
Amanhã, co' a alvorada, celebramos
Maio florido, no bosque de Diana.[92]

[91]Temos aqui uma irônica "chamada", em relação ao desfecho da peça, em que um animal (*i.e.*, um cavalo) derrota Arcite.
[92]Tradicionalmente, as celebrações incluíam caçadas, jogos, mourescas, etc.

2.6

Servi bem à vossa ama, meu senhor.
Emília, espero que ele não vá a pé.

EMÍLIA

Seria vergonha, meu senhor, enquanto
Corcéis eu tiver. Podeis escolher,
E o que quiserdes, a qualquer momento,
Dizei-me. Se bem servirdes, serei
Ama afetuosa.

ARCITE

Se eu não for bom servo,
A mim caiba o que meu pai sempre odiou:
A desgraça e o chicote.

TESEU

Ide à frente;
O mérito é vosso. Tereis as honras
Condizentes com o que conquistastes.
Se não, seria errado. Irmã, juro,
Tendes um servo que, fosse eu mulher,
Senhor ele seria; mas vós sois sábia.

EMÍLIA

Sábia demais p'ra isso, meu senhor.

Clarinada. Saem todos.

Cena 6[93]

Entra a Filha do Carcereiro, sozinha.

FILHA

Que os duques e os demônios todos rujam!

[93]Local: Atenas, diante da prisão.

88

Está livre. Por ele me arrisquei,
Tirando-o de lá; a um pequeno bosque
O encaminhei, a uma milha daqui,
Onde um cedro, mais alto que os demais,
Junto a um riacho, se espraia qual um plátano,
E ali ele se esconde, até que eu leve
Comida e uma lima, pois das algemas
Inda não se livrou. Ah! Meu Cupido,
Criança destemida! O meu pai
Enfrentaria u'a lâmina gelada,
Antes de fazer o que fiz.[94] Eu o amo
Além do amor e além da sensatez,
Da razão, ou prudência. Já lhe disse;
Não me importo, estou desesperada.
Se a lei me descobrir e condenar,
Algumas jovens, donzelas honestas,
Cantarão mi'a morte, nobre legado,
Que quase morri mártir. A trilha dele
É a minha. Não será tão desumano,
Que me deixe aqui. Se o fizer, jamais
As donzelas nos homens confiarão.
Mas ele ainda não me agradeceu;
Não, nem sequer me beijou e, a meu ver,
Isso não é bom; e mal consegui
Convencê-lo a tornar-se um homem livre,
Pois do mal que faria a mim e a meu pai
Tinha escrúpulos. Mas espero que,
Pensando ele melhor, o meu amor
Nele crie raízes. Faça comigo
O que quiser, mas que seja gentil;
Pois comigo fará algo, ou direi,
Cara a cara, que ele não é homem.
Agora vou prover-lhe o necessário,
E levo as minhas roupas; por qualquer
Trilha me aventuro, desde que com ele.

[94]Ou seja, preferiria ser esfaqueado a soltar Palamon.

2.6

Vou segui-lo qual sombra. Numa hora,
A prisão estará em rebuliço,
E eu, beijando o procurado. Adeus, pai!
Com mais prisioneiros e filhas tais,
Acabas carcereiro de ti mesmo.
E agora, a ele.

Sai.

ATO III

Cena 1[95]

> *Trombetas em vários lugares. Ruídos e clamores de pessoas que participam da Festa de Maio. Entra Arcite, sozinho.*

ARCITE
    O Duque e Hipólita se perderam;
    Cada um seguiu por uma clareira.
    Este é um ritual solene que eles devem
    A Maio florido, e os atenienses
    O cumprem co' a devida cerimônia.
    Ó Rainha Emília, mais frescor tens
    Que Maio; sois mais meiga que os botões
    De ouro nos galhos e que os coloridos
    Brotos do prado ou jardim — desafio
    Também qualquer margem onde uma ninfa
    Faz um riacho parecer florido;
    Ó joia do bosque, do mundo inteiro,
    Do mesmo modo, com a tua presença
    Abençoas qualquer trilha. Quisera,
    Pobre de mim, sem demora, cruzar
    Teu casto pensamento! Tripla benção,
    Foi encontrar tal ama por acaso.
    Ó Senhora Fortuna, soberana
    Depois de Emília, dizei-me até onde
    Ouso me orgulhar. Ela me observa
    Co' atenção, tem a mim sempre por perto;
    E esta bela manhã, a melhor do ano,
    Me oferece u'a parelha de cavalos,
    Dois garanhões dignos de por dois reis
    Serem montados num campo de luta
    Onde a sorte das coroas se jogasse.
    Ah, Palamon! Pobre primo cativo,

[95]Local: Atenas, um bosque.

3.1

Sequer tu sonhas com minha fortuna,
E pensas que és o grande felizardo,
Estando perto de Emília; tu achas
Que em Tebas estou, desventurado,
Embora livre. Mas se tu soubesses
Que minha ama respira do meu lado,
Que escuto a sua voz, vivo em seus olhos —
Ah, primo, que fúria te envolveria!

Entra Palamon, por detrás de um arbusto, algemado. Mostra os punhos a Arcite.

PALAMON

Primo traidor, mi'a fúria tu verias
Se livre eu me visse destes sinais
Do cárcere, e esta mão portasse espada.
Por todas as pragas, eu e a justiça
Do meu amor faríamos de ti
Um traidor confesso. És o mais desleal
Dos que um dia nobres pareceram,
O mais desonrado, o primo mais falso
Dos que o sangue já uniu! Dizes que é tua?
Hei de provar, co' algemas e sem armas,
Que tu mentes, e que és ladrão de amor,
Nobre de palha, que nem de vilão
Mereces ser chamado. Se eu tivesse
Arma, e não estes ferros...

ARCITE

Palamon, primo...

PALAMON

Arcite pilantra, quero linguagem
Condizente com teus atos.

ARCITE

Não achando

Dentro do peito nenhuma baixeza
Que confirme a ideia que tens de mim,
Respondo com gentileza: tua fúria
Te engana, pois sendo tua inimiga,
Minha amiga não pode ser. Eu prezo
E dependo da honra e da lealdade,
E inda que em mim tu não as enxergue,
Caro primo, nelas firmo meus atos.
Eu te peço, em termos generosos
Revela teus pesares, pois competes
Co' um igual, que pretende prosseguir
Co' a atitude e a espada de um nobre.

PALAMON

Que atrevimento, Arcite!

ARCITE

Primo, primo, bem sabes que me atrevo;
Contra os conselhos do medo, já viste,
Uso a espada. É certo que se ouvires
Alguém duvidar de mim, romperás
Teu silêncio, mesmo num santuário.

PALAMON

Já pude ver o teu comportamento
Em locais que testaram tua coragem;
Chamavam-te bom e audaz cavaleiro.
Mas a semana inteira não é bela
Se chover um só dia; os homens perdem
Bravura quando cedem à traição.
E então, lutam qual urso preso ao poste —
Fugiriam, se atados não estivessem.

3.1

ARCITE

    Primo, poderias dizer e encenar
    Isso tudo diante de um espelho,
    Ou do ouvido que agora te desdenha.

PALAMON

    Vem cá! Livra-me destas frias algemas,
    Dá-me uma espada, mesmo enferrujada,
    Faz-me a caridade de u'a refeição.
    Depois, aparece na minha frente,
    Co' uma boa espada na mão, e diz
    Que Emília é tua, e te perdoo a injúria
    Que me causaste — e até a minha vida,
    Se a levares; e às almas corajosas
    Dos que co' arrojo morreram nas sombras,
    Que me pedirem notícias da Terra,
    Direi apenas que és valente e nobre.

ARCITE

    Fica tranquilo. Volta p'ra o arbusto.
    Co' a ajuda da noite aqui virei,
    Co' um repasto saudável. Estes ferros
    Vou limar. Terás roupas e perfumes
    P'ra matar o mau cheiro da cadeia.
    Depois que teus músculos alongares
    E disseres "Arcite, estou pronto",
    Poderás escolher espada e arnês.

PALAMON

    Ó céus! Pode alguém tão nobre uma ação
    Tão culposa cometer? Só Arcite.
    Portanto, ninguém mais, senão Arcite,
    Faria algo assim.

3.1

ARCITE

Caro Palamon.[96]

PALAMON

Abraço a ti e a tua oferta; não,
Só abraço a oferta. A tua pessoa,
Sem hipocrisia, só quero tocar
Co' o fio da espada.

Soam trombetas, fora da cena.

ARCITE

Ouves trombetas.
Volta à toca, ou nosso desafio
Será impedido antes que comece.
Aperta aqui;[97] adeus. Hei de trazer
Tudo que precisares. Eu te peço:
Sê forte e confiante.

PALAMON

Por favor,
Cumpre a tua promessa. E faz a coisa
De cenho carregado, pois é certo
Que não me estimas; sê rude comigo,
E priva tua linguagem desse óleo.
Pelo ar que respiramos, eu quisera
Co' um golpe responder cada palavra;
Mi'a raiva não se aplaca co' a razão.

ARCITE

Falaste com franqueza, mas dispensa-me
De linguagem rude. Quando esporeio
Meu cavalo, não o insulto. Em mim,
Raiva e deleite têm o mesmo rosto.

[96]Levando em conta a resposta de Palamon, Potter (1996, p. 2018) insere aqui uma rubrica: "*Oferecendo um abraço*".
[97]Trata-se, obviamente, de um aperto de mãos.

3.1

> *Soam trombetas.*
> Ouve, senhor, já chamam ao banquete
> Os dispersos; deves imaginar
> Que tenho lá uma missão.

PALAMON

>   Senhor,
> Tua presença aos céus não será grata,
> E sei que não mereces tua missão.

ARCITE

> Tenho meu direito. Estou convencido
> De que essa questão, qual uma doença,
> Só será curada com sangramento.[98]
> Peço-te que delegues a questão
> À espada, e nisso não fales mais.

PALAMON

> Só mais uma palavra: vais agora
> Contemplar minha ama; atenta bem,
> Pois é minha —

ARCITE

>   Não, senhor.

PALAMON

>   Não, digo eu;
> Falas em me nutrir p'ra eu ficar forte.
> Vais agora ver um sol que dá forças
> A tudo que ele contempla; tens nisso
> Vantagem sobre mim, mas aproveita
> Enquanto preparo o remédio. Adeus.

> *Saem.*

---

[98]Temos aqui um sentido duplo: sangramento como terapia, e como consequência da luta entre os primos.

3.2

Cena 2[99]

> *Entra a Filha do Carcereiro, sozinha.*

FILHA

> Confundiu-se quanto à moita que eu disse;
> Quis ir embora.[100] É quase manhã.
> Que importa — quisera ser noite eterna,
> E as trevas senhora do mundo. Ouvi!
> É um lobo! Em mim, a dor matou o medo,
> Nada me importa, exceto Palamon.
> Que importa ser por lobos devorada,
> Desde que eu possa entregar-lhe esta lima.
> Se eu gritasse por ele? Gritar, não.
> Assobiar? E se ele não responder,
> E eu lhe fizesse o favor de chamar
> Um lobo?[101] Escutei estranhos uivos
> A noite toda; já foi devorado?
> Não tem armas; e não pode correr;
> O tilintar dos ferros atrairia
> Criaturas selvagens, cujo instinto
> Pressente homem desarmado, e o faro
> Localiza a presa. É certo que foi
> Estraçalhado; uivaram em coro,
> E depois o devoraram; só isso.
> Que dobrem os sinos.[102] E quanto a mim?
> Se ele se foi, está tudo acabado.
> Não, não, eu minto. Por causa da fuga,
> Meu pai será enforcado; esmola
> Terei que pedir, se prezasse tanto
> A vida a ponto de negar meu ato,
> Mas tal eu não faria, nem que provasse
> Dúzias de mortes; estou desnorteada;

[99]Local: Bosque.
[100]Potter (1996, p. 221) observa que, inicialmente, a jovem pensa que Palamon teria se enganado em relação ao ponto de encontro no bosque; em seguida, na primeira de uma série de reviravoltas no pensamento, a jovem decide que ele optou por não esperar por ela.
[101]Evidentemente, o sentido aqui é irônico.
[102]Isto é, para anunciar a morte de Palamon.

3.3

Não como há dois dias; bebi pouca água.
Os olhos só fechei enquanto as pálpebras
Lavavam as lágrimas. Ai de mim!
Expira, vida! Não me faz perder
A razão, ou me afogo, me apunhalo,
Ou me enforco. Ó vida! Falha agora,
Pois teus melhores pilares cederam!
Então, qual o caminho? O melhor
Será o mais direto para o túmulo;
Qualquer passo errante será tormento.
Vede, a lua vai baixa, os grilos cantam,
A coruja anuncia o alvorecer.
Todas as tarefas estão concluídas,
Salvo aquela em que falhei. Mas o ponto
É o seguinte — o fim, e nada mais.

Sai.

Cena 3[103]

Entra Arcite, com carne, vinho e limas.

ARCITE

Deve ser aqui. Ei! Palamon! Primo!

PALAMON [*Fora da cena*].

Arcite?

ARCITE

O próprio. Trago-te comida e limas.[104]
Pode vir, sem medo. Não sou Teseu.

Entra Palamon

[103]Local: Bosque.
[104]Conforme comentam vários estudiosos, a atitude de Arcite, dispondo-se a buscar comida para alimentar Palamon e limas para romper-lhe as algemas, para então poder com ele lutar de igual para igual, é o epítome da nobreza.

PALAMON

    Nem tão honrado, Arcite.

ARCITE

                        Não importa.
    Decidimos isso depois. Anima-te;
    Não haverás de morrer qual uma fera.
    Aqui, senhor, bebe — sei que estás fraco —
    Depois falo contigo.

PALAMON

    Arcite, ora podias me envenenar.

ARCITE.

    Podia, mas só o faria se te receasse.
    Senta e, por favor, chega de tolice.
    Co' a reputação que temos, não vamos
    Falar como idiotas ou covardes.
    À tua saúde!

    [Bebe].

PALAMON

    Bebamos!

ARCITE

    Senta, por favor, e agora eu te peço,
    Pela honra e lealdade que há em ti,
    Nesta mulher não fales — nos perturba.
    Inda teremos tempo.

PALAMON

                  Sim, saúde!

    [Bebe].

3.3

ARCITE

Bebe um bom trago; renova o sangue, homem!
Pois, não te sentes aquecer?

PALAMON

Espera;
Eu te direi depois de mais uns goles.

ARCITE

Bebe à vontade. O Duque tem mais, primo.
Agora, come.

PALAMON

Sim.
[*Come*].

ARCITE

Muito me apraz
Que tenhas apetite.

PALAMON

E mais me apraz
Que a carne esteja tão boa.

ARCITE

Não é insano
Viver no bosque agreste, primo?

PALAMON

Sim,
Para quem tem a consciência tosca.

ARCITE

A comida está boa? Pelo que vejo,
Tua fome dispensa molho.

3.3

PALAMON

                      Nem tanto.
Mas poderia, pois o teu é bem ácido.
O que é isto?

ARCITE

           Cervo.

PALAMON

                     Carne saudável.
Dá-me mais vinho. Brindemos, Arcite,
À saúde das mulheres que tivemos!
    [*Ergue a caneca, oferecendo um brinde*].
A Filha do Intendente — lembra dela?

ARCITE

    Fala primeiro, primo.

PALAMON

    Amava um homem de cabelos pretos.

ARCITE

    Amava, mesmo. E que mais, senhor?

PALAMON

    Ouvi que alguns chamavam-no Arcite —

ARCITE

    Vai, continua!

PALAMON

               Encontrou-o na mata.
Fez o quê, primo? Tocou virginal?[105]

---

[105]Instrumento precursor do cravo, com apenas uma corda por nota, em voga nos séculos XVI e XVII. Evidentemente, a palavra tem aqui sentido duplo.

3.3

ARCITE

    Algo ela fez, senhor.

PALAMON

                           Que a fez gemer
    Um mês, ou dois, ou três, ou até dez.

ARCITE

    Também caiu a irmã do Comandante,
    Se bem me lembro, primo, e se os boatos
    Que circulam não mentem. Brindas a ela?

PALAMON

    Sim.

        Ergue a caneca e bebe.

ARCITE

    É uma bela morena. Houve um tempo
    Em que jovens iam à caça: um bosque,
    Um bom arbusto — e o resto já se sabe!
    Ah!

PALAMON

    Pensas em Emília, eu te juro!
    Tolo, basta dessa alegria forçada.
    Repito: esse suspiro é por Emília.
    Primo vil, nosso pacto ousas romper?[106]

ARCITE

    Estás equivocado.

PALAMON

                   Pelos astros!
    Nada tens de honesto.

[106]Na mesma cena, Arcite dissera a Palamon: "(...) Nesta mulher não fales — nos perturba". Aqui é Palamon o primeiro a pronunciar o nome da jovem.

3.3

ARCITE

                    Então, me vou.
    Viraste fera.

PALAMON

        Culpa tua, traidor.

ARCITE

    Eis aqui tudo o que precisas: limas,
    Camisas e perfumes. Em duas horas,
    Volto e trago o que tudo vai calar.

PALAMON

    Espada e armadura.

ARCITE

    Não duvides. Estás muito atrevido.
    Adeus. Tira teus ferros; terás tudo.

PALAMON

    Ó tratante...

ARCITE

            Nada mais vou ouvir.

    Sai.

PALAMON

    Se a palavra mantiver, morrerá.

    Sai.

103

3.4

Cena 4[107]

> *Entra a Filha do Carcereiro.*

FILHA[108]

> Sinto frio, e as estrelas se apagaram,
> As grandes e as pequenas, que parecem
> Brilhantes. O sol já viu mi'a loucura.
> Palamon! Ai de mim, não! Foi p'ra o céu.
> Onde estou? Eis o mar, e eis um navio.
> Como balança! E eis que um rochedo
> Espreita submerso. Agora, agora,
> Bateu, bateu; u'a fenda, das grandes!
> Como gritam! Abri velas ao vento,
> Ou tudo se vai. Içai uma ou duas,
> E logo mudai de rumo, rapazes!
> Boa noite, mui boa noite; já partistes.
> Estou com fome. Quisera encontrar
> U'a bela rã que me trouxesse novas
> Do mundo inteiro; então, eu faria
> Um barco de uma concha e zarparia
> A leste e a nordeste, até chegar
> Ao Rei dos Pigmeus, exímio adivinho.
> Aposto vinte contra um que meu pai
> Será amanhã pendurado; e eu me calo.

> *Canta.*

> *Um palmo acima do joelho,*
> *A saia verde vou cortar,*
> *E dois dedos abaixo do olho,*
> *Meus cachos louros vou aparar.*
> *Noni, noná, noni, noná.*
> *Ele me dá um cavalo branco,*
> *E lá vou eu a cavalgar,*

[107]Local: Bosque.
[108]Convencida de que Palamon morreu e que o Carcereiro será enforcado, a Filha do Carcereiro começa a alucinar.

3.5

Corro os quatro cantos do mundo,
Até meu amor encontrar.
Noni, noná, noni, noná.[109]

Ah! Se eu agora tivesse um espinho,
Como o rouxinol, eu picava o seio;[110]
Se não, como uma pedra dormirei.

Sai.

Cena 5[111]

Entram o Mestre-escola e [seis] Camponeses, [um dos quais vestido de
Babuíno].

MESTRE-ESCOLA[112]

Vergonha, vergonha! Que tediosidade e ultra-insanidade a vossa! Por
tanto tempo e com tanto labor vos ministrei rudimentos, amamentei-vos
e, empregando uma metáfora, o caldo e o tutano do meu saber sobre vós
verti, e ainda gritais "Onde?" e "Como?" e "Por quê"? Inteligências de
trapo! Raciocínios de sarja! Eu digo: "Fazei assim" e "Fazei ali" e "Fazei
agora", e ninguém me compreende? *Proh deum, medius fidius*[113] — sois
todos imbecis! Então: eu fico aqui; o Duque vem dali; ficareis naquela
moita; o Duque aparece; eu o saúdo, pronunciando coisas eruditas e
muitas metáforas; ele ouve e acena com a cabeça e murmura, e então
exclama — "Extraordinário!" — e eu dou um passo a frente. Por fim,
lanço o gorro ao ar — assim! Então, deveis proceder como outrora

[109]Não apenas essa canção já foi comparada à picante canção de São Valentino, entoada por Ofélia na quinta
cena do quarto ato de *Hamlet*, como também a própria alucinação que o amor provoca na Filha do
Carcereiro tem sido comparada à loucura de Ofélia, supostamente induzida pela frustração do romance
malfadado entre ela e Hamlet, e pela tristeza da perda do pai (ver nota 159).

[110]Corria a lenda que o rouxinol pressionava o peito contra um espinho, para se manter acordado à noite e
poder cantar. Existe aqui, também, um sentido duplo, de natureza sexual.

[111]Local: Bosque. Esta cena apresenta rebatimentos interessantes com as cenas de ensaio da performance da
história de Píramo e Tisbe, em *Sonho de Uma Noite de Verão*, escrita por Shakespeare, provavelmente,
em 1595 ou 1596.

[112]O Mestre-escola é figura cômica, chegado a falas empoladas, ao uso de neologismos pedantes e risíveis e a
demonstrações de erudição.

[113]Em tradução livre, do latim: "por deus, ajudai-me o deus da verdade". Fidius era também epíteto do deus Júpiter.

105

3.5

Meleagro frente ao javali, surpreendendo a fera com *aplomb*;[114] como súditos leais, juntai-vos garbosamente, graciosamente, e empregando uma metáfora, trançai-vos bem rapazes!

PRIMEIRO CAMPONÊS

E graciosamente o faremos, mestre Geraldo.

SEGUNDO CAMPONÊS

Vamos reunir o grupo. Cadê o tocador de tambor?

TERCEIRO CAMPONÊS

Então, Timóteo!

Entra o Tocador de Tambor.

TOCADOR DE TAMBOR

Aqui, rapaziada! Vamos lá!

MESTRE-ESCOLA

Mas, digo eu, onde estão as mulheres?

[*Entram cinco Mulheres*].

PRIMEIRO CAMPONÊS

Eis a Francisca e a Madalena.

SEGUNDO CAMPONÊS

E a Lucinha, de pernocas brancas, e a Bárbara boazuda.[115]

PRIMEIRO CAMPONÊS

E a sardenta Nelie, que ao mestre nunca decepciona.

MESTRE-ESCOLA

Onde estão as vossas fitas, senhoritas? Deslizai e movei o corpo graciosamente, agilmente, e de quando em vez, um beijinho e um pulinho.

---

[114]Herói grego que matou o javali de Cálidon com uma lança.
[115]O original registra "*bouncing*". Sigo abonação de Crystal e Crystal (2002, p. 51).

NELIE

Confia na gente, senhor.

MESTRE-ESCOLA

Onde está o restante da música?

TERCEIRO CAMPONÊS

Devidamente distribuída, conforme indicaste.

MESTRE-ESCOLA

Então, aos vossos pares, e vejamos se falta alguém. Onde está o Babuíno? Amigo, mexe este rabo sem ofensa ou escândalo para as damas; e dá cambalhotas com audácia e vigor, e quando guinchares, faze-o com discernimento.

BABUÍNO

Sim, senhor.

MESTRE-ESCOLA

Quo usque tandem?[116] Falta-nos aqui uma mulher.

QUARTO CAMPONÊS

Demos com o burro n'água; agora é que vão ser elas.

MESTRE-ESCOLA

Conforme enunciam os autores mais eruditos, a vaca foi para o brejo; *fatuus*[117] somos, e em vão trabalhamos.

SEGUNDO CAMPONÊS

Foi aquela criatura desprezível, aquela rameira ordinária que prometeu estar aqui — a Cecília, a filha da costureira. As próximas luvas que eu der a ela serão de pele de cachorro. Ah! Se ela faltar! Tu podes dizer, Arcas, que ela jurou pelo pão e pelo vinho que não faltaria.

---

[116]Isto é, "Até quando", referência à célebre abertura da primeira invectiva de Cícero contra Catilina: "Até quando (...) abusareis da nossa paciência". Ou seja, o Mestre-escola diz algo parecido com "Haja paciência!".

[117]Latim: "tolos".

3.5

MESTRE-ESCOLA

A enguia e a mulher, conforme diz um erudito poeta, se não forem agarradas pelo rabo com os dentes, haverão de escapar. A conduta dela é falha qual uma falsa premissa.

PRIMEIRO CAMPONÊS

Ela que se dane! Vai correr da raia agora?

TERCEIRO CAMPONÊS

O que faremos, senhor?

MESTRE-ESCOLA

Nada. Nossa empreitada se tornou uma nulidade, sim, uma lamentável e lastimável nulidade.

QUARTO CAMPONÊS

Logo agora, quando o nome da nossa cidade está em jogo — logo agora, resolver ser do contra — logo agora, mijar para trás! Vai te danar! Eu não te esqueço. Vais ver comigo!

Entra a Filha do Carcereiro.

FILHA [*Cantando*].
Vinha o George Alow dos mares do sul,
Da costa da Barbária-ês![118]
E lá encontrou navios de guerra,
Era um, eram dois, e três!
"Salve, salve, alegres caravelas,
Por onde estais indo hoje-ês?
Ah, deixai-me ir na vossa companhia,
Até eu chegar ao mar-ês".
Uma vez três tolos brigaram por uma coruja...

---

[118]George Alow é o nome de um navio mencionado numa balada de 1611 (Potter, 1996, p. 234, 361). Embora os termos Barbéria e Berbéria se referissem a toda a região ocupada pelos berberes, inclusive áreas não litorâneas, os topônimos Costa da Barbária, Berbéria, ou Costa Berberisca foram empregados pelos europeus desde o século XVI até o XIX para se referirem ao litoral de Marrocos, Argélia, Tunísia e Líbia, ou seja, o atual Magrebe.

3.5

[*Cantando*].

> *O primeiro disse que era coruja,*
> *O segundo disse que não,*
> *O terceiro disse, os sinos caíram,*
> *Vê-se logo que é um falcão.*[119]

TERCEIRO CAMPONÊS

Eis uma bela maluquinha, mestre; e chega em boa hora, doida de pedra. Se conseguirmos que ela dance, estamos feitos. Eu aposto nela; vai fazer ótimas piruetas.

PRIMEIRO CAMPONÊS

Uma louca? Estamos feitos, rapazes.

MESTRE-ESCOLA [*Dirigindo-se à Filha do Carcereiro*].

Sois mesmo louca, boa mulher?

FILHA

Seria infeliz se não fosse. Dá-me a tua mão.

MESTRE-ESCOLA

Por quê?

FILHA

Posso ler a tua sorte.

[*Olhando para a mão dele*].

És um tolo. Conta até dez.[120] Agora peguei ele. Ora! Amigo, não deves comer pão branco;[121] se comeres, teus dentes vão sangrar profusamente.

---

[119]Mowat e Werstine (2010, p. 114, 126) esclarecem que falcoeiros costumavam amarrar pequenos sinos nas pernas de gaviões e falcões, para serem facilmente encontrados depois de terem abatido a caça (Turner; Tatspaugh, p. 137).

[120]Potter (1996, p. 235) e Waith (1989, p. 148) comentam que, segundo a crendice popular, mandar uma pessoa contar nos dedos era um conhecido teste de sanidade.

[121]Segundo Potter (1996, p. 235), a expressão também significava "não gerar bastardos".

3.5

Vamos dançar, então? Eu te conheço, és latoeiro. Senhor latoeiro, não tapes mais buracos do que deves.

MESTRE-ESCOLA

Dii boni![122] Latoeiro, donzela?

FILHA

Ou um bruxo. Faz aparecer um demônio agora, e que ele toque "Chi passa",[123] com sininhos e ossos.[124]

MESTRE-ESCOLA

Ide, levai-a, e acalmai-a bem. *Et opus exegi, quod nec Iovis ira, nec ignis.*[125] Começai a música, e fazei-a dançar.

SEGUNDO CAMPONÊS

Vem, moça, vem bailar.

FILHA DO CARCEIRO

Eu conduzo.

TERCEIRO CAMPONÊS

Sim, sim!

MESTRE-ESCOLA

Com desenvoltura e arte.
        Soam trompas de caça.
Ide embora, rapazes! Estou ouvindo as trompas. Dai-me alguns momentos reflexivos, e cuidai das vossas deixas.
        Saem todos, exceto o Mestre-escola.
Palas, inspirai-me![126]

---

[122]Latim: "bons deuses".
[123]Referência à canção *"Chi passa questa strada"* (1557), geralmente, executada para ser dançada, e cuja notação ainda existe para vários instrumentos (MOWAT; WERSTINE, 2010 p. 126; WAITH, 1989, p. 148).
[124]Ossos eram, de fato, utilizados como percussão em danças campestres.
[125]Latim: "E eu concluí um trabalho que nem a ira de Júpiter nem o fogo [hão de desfazer]". A citação é de Ovídio, *Metamorfoses*, Livro XV.
[126]Referência à Palas Atena, deusa grega da sabedoria e das artes.

3.5

Entram Teseu, Pírito, Hipólita, Emília e séquito.

TESEU
O cervo correu por aqui.

MESTRE-ESCOLA
Parai, e edificai-vos!

TESEU
O que temos aqui?

PÍRITO
Folguedo da roça, posso jurar, senhor.

TESEU[*Dirigindo-se ao Mestre-escola*].
Pois bem, senhor, avante. "Edificai-nos".
Cadeiras e banquetas [*são trazidas*].
Senhoras, sentai-vos. Vamos ficar.

[*Teseu, Hipólita e Emília sentam-se*].

MESTRE-ESCOLA
Ó duque bravio, salve! Salve, damas!

TESEU [*À parte*].
É um começo frio.[127]

MESTRE-ESCOLA
Se assim quiserdes, folguedos tereis.
Os que aqui nos reunimos primeiro
As más línguas chamam de "roceiro".
Dizendo a verdade, e não fabulando,
Somos uma trupe alegre, um bando,

---

[127]Existe aqui um jogo de palavras intraduzível. O mestre-escola diz, em inglês: "(...) *all hail! All hail, sweet ladies*". De vez que *hail* significa tanto "salve" quanto "granizo", Teseu se vale da polissemia para caçoar da afetação do Mestre-escola.

111

3.5

Ou, empregando uma imagem, um *chorus*,[128]
Que, em vossa honra bailará a mourisca.[129]
Sendo eu aquele que tudo concerta,
O *pedagogus*, que a co'a vara acerta
O pequeno traseiro dos menores,
E co'a palmatória humilha os maiores,
Aqui vos trago esta coisa, este engenho.[130]
Duque bravio, cujo célebre empenho
De Dis a Dédalo,[131] de cabo a rabo,
É alardeado, valei-me, que me acabo;
Pousai vosso olhar brilhante e direto
Neste "Mouro" pesado que vem reto;
E, vede bem, já que agora entra a "isca",
Pois, colados formarão a "mour-isca",
O motivo de aqui termos chegado.
Sobre o teor deste número esforçado,
Eu, embora rude, tosco e confuso,
Venho primeiro, se não for abuso,
Nestes versos falar à Vossa Graça,
Em cujos pés deixo a pena de graça.
A seguir, Senhora e Senhor de Maio,
De fato, a camareira e seu lacaio,
Que buscam o silêncio da cortina;
Depois, meu senhorio e a concubina,
Que acolhem o cansado viajante,
E a conta aumentam co' um gesto ao servente;
E o palhaço, bebedor de colostro;
E o bobo, o babuíno, que de lastro
Tem longo rabo e longa ferramenta,

---

[128]Nestes versos de rimas canhestras, o Mestre-escola seque "esbanjando" erudição, agora comparando o grupo ao coro de uma tragédia grega.

[129]Ver nota 78.

[130]Vários editores comentam que as palavras do Mestre-escola podem aqui se referir a alguma estrutura presente no palco, ou à própria dança que será apresentada (MOWAT; WERSTINE, 2010, p. 128; POTTER, 1996, p. 238; WAITH, 1989, p. 150).

[131]Dis, ou Plutão, é o deus dos mortos no submundo da mitologia romana; Dédalo é o lendário inventor do labirinto, e de asas, para que ele e seu filho pudessem voar. Ambos também pertencem à lenda de Teseu (POTTER, 1996, p. 238).

Cum multis aliis,[132] a dança esquenta.
Dizei um "sim", e a turma toda entra.

TESEU

Sim, sim, caro *Domine.*[133]

PÍRITO

Apresentai-os!

MESTRE-ESCOLA

Intrate, filii.[134] Avante e bailai.

> *Música. Entram os Camponeses, Camponesas e a Filha do Carcereiro;*
> *juntos eles dançam a mourisca.*

MESTRE-ESCOLA

Damas, se alegres fomos um bocado,
E se soubemos ser do vosso agrado,
Com este nosso olelê, olelé,[135]
Dizei que o Mestre bestalhão não é.
Duque, se a vós também nós agradamos,
E como bons meninos nos portamos,
Ofertai-nos uma árvore, ou duas,
Postes de Maio enfeitados p'las ruas,
E, de novo, antes do ano acabando,
Vamos divertir a vós e a este bando.

TESEU

Leva vinte, mestre. Que achaste, amor?

HIPÓLITA

Nunca me diverti tanto, senhor.

---

[132]Latim: "com muitos outros".
[133]Parodiando o Mestre-escola, Teseu recorre ao latim, "senhor, mestre".
[134]Latim: "entrem, filhos".
[135]Turner e Tatspaugh (2012, p. 141), bem como Potter (1996, p. 240), comentam que as palavras melódicas
sugerem que o grupo, além de dançar, teria cantado.

3.5

EMÍLIA

Foi de fato um bailado excelente,
E o prólogo — nunca ouvi melhor.

TESEU

Mestre-escola, agradeço-vos. Alguém!
Recompensai a todos.
[*Um Criado lhes oferece dinheiro*].

PÍRITO

Eis aqui algum p'ra pintar os postes.
[*Oferece-lhes dinheiro*].

TESEU

Agora retornemos à caçada.

MESTRE-ESCOLA

Que corram vossos cães acelerados,
E os cervos que caçais fiquem parados,
Que eles os liquidem sem perdões,
E que as damas comam seus culhões.[136]
        Trompas de caça [*fora da cena. Saem Teseu, Hipólita, Emília, Pírito e
        séquito*].
Vinde, estamos feitos. *Dii deaeque omnes...*[137]
Dançastes muito bem, minhas meninas.
        Saem.

---

[136]Vários estudiosos observam que testículos de cervo eram considerados iguaria.
[137]Latim: "Todos os deusas e deusas". Turner e Tatspaugh (2012, p. 142) esclarecem que o Mestre-escola
inicia uma prece de agradecimento, mas logo a interrompe, talvez fazendo uma mesura para o público.

3.6

Cena 6[138]

> *Entra Palamon, saindo de um arbusto.*

PALAMON

A esta hora meu primo prometeu
Que voltaria e consigo traria
Duas espadas e duas boas armaduras.
Se falhar, não é nem homem nem soldado.
Quando ele partiu, eu não calculava
Que numa só semana recobrasse
A força que perdi, tão fraco eu estava,
E abatido, de fome e de cansaço.
Obrigado, Arcite, inimigo leal;
Volto a ser eu mesmo; co' este repasto,[139]
Sou outra vez capaz de combater.
Retardar o combate faria o mundo
Pensar que, qual um porco, para a luta
Deixei-me engordar, e não qual soldado.
É, pois, a última esta manhã bendita;
E com a espada que ele recusar,[140]
Se ela não quebrar, hei de matá-lo.
É a justiça. Valham-me o amor e a sorte!

> *Entra Arcite, com armaduras e espadas.*

Ah... Bom dia.

ARCITE

Bom dia, primo nobre.

PALAMON

Tiveste, senhor, trabalho demais.

ARCITE

Esse demais, belo primo, é dívida
De honra e meu dever.

---

[138]Local: Bosque.
[139]Ver rubrica da entrada da terceira cena do terceiro ato.
[140]Palamon vai propor a Arcite a escolha das armas, e supõe que este ficará com a melhor espada.

115

3.6

PALAMON

> Pudesses ser em tudo assim, senhor;
> Quisera fosses primo tão bondoso,
> Como és inimigo tão prestável,
> Abraços te agradeceriam, não golpes.

ARCITE

> Serão ambos, se bem feitos, bons soldos.

PALAMON

> Então, saldo mi'a dívida contigo.

ARCITE

> Desafia-me em termos tão corteses
> Que pareces, p'ra mim, mais que uma amante.
> Basta de rixas, pois só prezas a honra!
> Não fomos criados p'ra falar, homem!
> Quando estivermos armados e em guarda,
> Que a nossa fúria, qual choque entre mares,
> Se liberte de nós, e a quem couber,
> Por lei de nascimento, essa beldade —
> Sem lamúrias, troças, desprezo mútuo
> Ou beicinhos, próprios de colegiais —
> Há de se ver logo, a ti ou a mim.
> Queres que te arme? Ou se inda te sentes
> Mal preparado e sem as tuas forças,
> Eu espero, primo, e todos os dias
> Virei por ti zelar nas horas vagas.
> Por ti tenho amizade, e quem me dera
> Não dizer que a amava, embora morresse.[141]
> Mas se a amo, e o amor admito, não recuo.

PALAMON

> Arcite, és inimigo tão brioso

[141] Turner e Tatspaugh (2012, p. 144), assim como Waith (1989, p. 154), comentam que, tendo Palamon visto Emília primeiro, Arcite jamais poderia ter cobiçado a jovem, mesmo que o silêncio o levasse a "morrer de amor". Trata-se da primeira indicação do arrependimento que Arcite expressará em sua fala final.

3.6

Que nenhum homem, a não ser teu primo,
Deve te matar. Bem estou, e forte.
Escolhe as armas.

ARCITE
                        Vós, senhor, primeiro.

PALAMON
        Tu és o mais gentil, ou assim procedes
        P'ra que eu te poupe?

ARCITE
                                Se assim pensas, primo,
        Estás enganado; sendo eu soldado,
        Não te pouparei.

PALAMON
                        Bem dito.

ARCITE
                                Assim é.

PALAMON
        Então, sendo eu amante e homem honrado,
        Com toda a justiça que o amor engendra,[142]
        Serás bem pago.
                [Escolhe a armadura].
                                Fico, então, com esta.

ARCITE [*Pegando a outra*].
        Então, eis a minha. Armo-te primeiro.

PALAMON
        Faz isso.
                [Arcite começa a armá-lo].

---

[142]Sigo paráfrases propostas por Turner e Tatspaugh (2012, p. 144) e Potter (1996, p. 244).

3.6

        Diz-me, primo, por favor,
Onde pegaste arnês tão bom?

ARCITE

                                  Co' o Duque;
P'ra ser franco, roubei-o. Belisquei-te?

PALAMON

    Não.

ARCITE

    Não pesa demais?

PALAMON

                     Já usei mais leves,
Mas, vai servir.

ARCITE

                Vou afivelar bem.

PALAMON

    À vontade.

ARCITE

              Não queres mais couraça?

PALAMON

    Não, não, não usaremos montarias.
Suponho que preferes a cavalo.

ARCITE

    P'ra mim, é indiferente.

PALAMON

    P'ra mim também. Bom primo, aperta bem
A fivela.

3.6

ARCITE

Isso eu garanto.

PALAMON

Agora o elmo.

ARCITE

Lutas de braços nus?[143]

PALAMON

Serei mais ágil.

ARCITE

Mas usa luvas. Estas são pequenas.
Usa as minhas, bom primo.

PALAMON

Que tal te pareço? Emagreci muito?

ARCITE

Pouco, palavra! O amor foi bom contigo.

PALAMON

Garanto que acerto o alvo.

ARCITE

Causa te darei, primo.

PALAMON

Agora tu.
[*Começa a armar Arcite*].
Acho esta armadura, embora mais leve,
Bem similar à que usaste no dia

---

[143]Mowat e Werstine (2010, p. 138) esclarecem que, depois que a armadura é afivelada, as proteções dos braços seriam os itens seguintes; mas Palamon pede logo o capacete.

3.6

Em que tombaram os três reis.[144]

ARCITE

Era um ótimo arnês; naquele dia,
Bem me lembro, superaste-me, primo.
Nunca vi tanto brio. Quando investiste
Contra o flanco esquerdo dos inimigos,
Dei nas esporas, para te alcançar,
E montava um bom cavalo.

PALAMON

É verdade;
Um baio claro, lembro-me.

ARCITE

Em vão,
Meus esforços; tu ficavas adiante,
Não te alcançavam nem os meus desejos;
Se algo fiz, foi imitação.

PALAMON

Ou coragem.
És modesto, primo.

ARCITE

Quando primeiro
Te vi atacar, pensei ouvir o estalo
Medonho de um trovão em meio às tropas.

PALAMON

Mas antes veio o raio do teu ímpeto.
Espera, isto não está muito apertado?

ARCITE

Não, não, está bem.

[144] Alusão aos eventos relatados na primeira cena do primeiro ato, no encontro de Teseu com as três Rainhas enlutadas.

PALAMON

Nada deve ferir-te, só a mi'a espada.
Outra ferida é desonra.

ARCITE

Estou pronto.

PALAMON

Afasta-te, pois.

ARCITE

Mi'a espada é a melhor.

[*Oferece-lhe a espada*].

PALAMON

Grato, não; guarda-a; vale a tua vida.
Tenho esta; se aguentar, nada mais peço
Para satisfazer mi'as esperanças.
Minha causa e a minha honra me defendam!

ARCITE

E a mim, o meu amor!
Trocam várias mesuras, e então, avançam e param.
Há o que ser dito?

PALAMON

Só isto, não mais: és filho de mi'a tia.
E o sangue que vamos verter é mútuo:
Em mim o teu, em ti o meu. Na mão
Tenho a minha espada; se me matares,
Os deuses e eu te perdoamos. Se existe
Um lugar para os que dormem com honra,
Que a alma exausta do que tombar o ganhe.
Primo, luta com brio. Dá-me a mão nobre.

121

3.6

ARCITE[*Trocam um aperto de mãos*].
>   Aqui, Palamon. Jamais esta mão
>   Se acercará de ti em amizade.

PALAMON
>   Entrego-te aos deuses.[145]

ARCITE
>   Se eu tombar, que tu me amaldiçoes
>   E me chames de covarde, pois só esses
>   Morrem em duelos justos. Adeus, primo.

PALAMON
>   Adeus, Arcite.

>   *Lutam.*
>   *Som de trompas fora da cena.*
>   *Param de lutar.*

ARCITE
>   Ouve, primo, essa insânia nos destrói!

PALAMON
>   Por quê?

ARCITE
>   Como eu te disse, é o Duque, indo à caça.
>   Se nos descobre, é o nosso fim. Ah... vai-te,
>   Por reputação e por segurança,
>   Volta ao arbusto. Senhor, encontraremos
>   Muitas horas p'ra morrer. Caro primo,
>   Se fores visto, morres no instante,
>   Por teres fugido da prisão, e eu,
>   Se me expuseres, por desobediência.[146]

---

[145]O original registra *"I commend thee"*. Sigo paráfrases de Turner e Tatspaugh (2012, p. 147), Waith (1989, p. 157) e Potter (1996, p. 247).

[146]Isto é, ao banimento imposto por Teseu, na segunda cena do segundo ato.

3.6

Então, vai rir de nós o mundo inteiro
E dizer: tinham u'a disputa nobre,
Mas não souberam resolver.

PALAMON

Não, primo,
Não vou mais me esconder, e nem adiar
Esta aventura a uma segunda prova.
Conheço a tua astúcia e o teu motivo.
Vergonha ao que agora ceder! Em guarda!

ARCITE

Não estás louco?

PALAMON

Se não tirar vantagem desta hora,
E menos temo a ameaça que vier
Do que a minha sorte nesta luta.
Saiba, primo fraco, que eu amo Emília
E por isso enterro a ti e os obstáculos.

ARCITE

Pois, venha o que vier. Palamon, saiba,
Ouso morrer, qual falar ou dormir.
Só temo isto: a lei vai nos privar
Da nossa honra.[147] Defende a tua vida!

PALAMON

Cuida bem da tua, Arcite.

Lutam novamente.
Som de trompas. Entram Teseu, Hipólita, Emília, Pírito e séquito.

TESEU

Que traidores insanos e ignorantes

---

[147]Isto é, ambos sendo executados, nenhum dos dois conquistará honra.

3.6

Sois vós, que, contrariando minhas leis,
Lutais qual cavaleiros investidos,
Sem minha licença e oficiais de armas?
Sereis executados, por Castor![148]

PALAMON

Cumpre tua palavra, Teseu. Traidores
Somos ambos, e ambos desprezamos
A ti e o teu favor. Sou Palamon,
Que não pode te amar, o que fugiu
Da tua prisão. Vê bem o que isso pede.
E eis Arcite. Traidor mais atrevido
Jamais pisou teu chão; homem mais falso
Jamais se disse amigo. Este é o homem
Por quem imploraram e tu baniste,[149]
O que despreza a ti e ao que tu fazes.
Neste disfarce, contra tuas ordens,
Persegue tua cunhada, aquela estrela
Bendita e brilhante, a bela Emília,
De quem sou criado, se tal direito
Assiste a quem a viu primeiro e logo
A alma lhe entregou; e, o que é mais,
Ele ousa pensar que ela lhe pertence.
À tal traição, sendo eu fiel amante,
Agora o chamei a responder.
Se és, como dizem, grande e virtuoso,
Árbitro leal de todas as ofensas,
Diz: "Voltai a lutar"; verás, Teseu,
Farei justiça a te causar inveja.
Depois, tira-me a vida. Eu suplico.

PÍRITO

Céus! Este é mais que homem!

[148]O expletivo invoca uma figura da mitologia grega, filho de Júpiter e irmão gêmeo de Pólux. A coragem e habilidade equestre de Castor tornaram-se célebres no período romano.

[149]Teseu poupa a vida de Arcite a pedido de Pírito, na segunda cena do segundo ato.

3.6

TESEU

Eu jurei.

ARCITE

Não buscamos tua piedade, Teseu.
P'ra mim, morrer é fácil como a ti
Ordenar que eu morra. Quanto a este homem,
Que me chama de traidor, digo isto:
Se no amor é traição servir à bela
Que tanto amo, e por cujo amor eu morro,
Como a mi'a vida aqui vem confirmar,
Se a sirvo com lealdade e dignidade,
Como ouso matar o primo que o nega,
Que seja eu, então, o maior traidor,
Conforme dizeis. Quanto ao desrespeito
À tua ordem, Duque, pergunta à dama[150]
Por que há de ser tão formosa, e por que
Seus olhos me ordenam ficar e amá-la;
E se ela me chamar de "traidor",
Sou vilão, devo jazer insepulto.

PALAMON

Se a nós negares piedade, Teseu,
Será u' ato de compaixão. Se és justo,
A nós não dês ouvido; se és valente,
P'la alma do primo,[151] que os doze trabalhos
Coroam-lhe a fama, deixa-nos morrer
Juntos, no mesmo instante, nobre Duque;
Apenas que ele tombe antes de mim,
P'ra que eu diga à mi'a alma que não a tem.[152]

---

[150]Seguindo a modulação que consta do original, a mudança do pronome de tratamento, de vós para tu, reforça o estado de excitação emocional de Arcite.

[151]Trata-se de uma alusão a Hércules, primo de Teseu. Potter (1996, p. 251) comenta que o fato de Palamon se referir ao *primo* de Teseu indica sua intenção de estabelecer paralelos com a relação entre o próprio Palamon e Arcite.

[152]Isto é, que Arcite não conquistou Emília.

3.6

TESEU

    Concedo tal desejo; a verdade
    É que a mim ofendeu o vosso primo
    Dez vezes mais, pois ele mereceu
    Mais clemência que vós, vossas ofensas,
    Senhor, não sendo mais graves. Ninguém
    Peça por eles, pois antes do ocaso,
    Ambos hão de dormir p'ra todo sempre.

HIPÓLITA

    Ah... que lástima! Agora ou nunca, irmã,
    Falai e convencei. Amaldiçoado
    Será o vosso rosto no futuro,
    P'la perda destes primos.

EMÍLIA

                Cara irmã,
    No meu rosto não há raiva nem morte.
    Eles morrem p'lo azar dos próprios olhos.
    Porém, sendo mulher e piedosa,
    Meus joelhos no solo hão de brotar,
    Até eu obter perdão.
        [*Ajoelha-se*].
                Valei-me, irmã;
    Em proeza tão virtuosa, vai estar
    Conosco a força de toda mulher.
        [*Hipólita ajoelha-se*].
    Régio irmão...

HIPÓLITA

    Pelos laços da nossa união, senhor...

EMÍLIA

    Pela vossa própria honra imaculada...

HIPÓLITA

    Em nome da confiança, da mão leal

E do honesto coração que me destes...

EMÍLIA

Por tudo o que nos outros tendes pena,
Por vossa infinda virtude...

HIPÓLITA

Por brio;
E as castas noites em que vos amei...[153]

TESEU

Estranhos apelos.

PÍRITO

Não, também peço.
[*Ajoelha-se*].
Pelo nosso afeto, senhor, e os riscos
Que corremos, p'lo que mais estimais:
As guerras e esta dama tão gentil...

EMÍLIA

Pelo que hesitaríeis em negar
À donzela ingênua...

HIPÓLITA

Por vossos olhos;
Pela verve, na qual me colocastes
Acima das mulheres e de quase
Todos os homens; e eu cedi, Teseu.

TO

P'ra tudo coroar: por vossa nobre alma,
À qual mercê não falta, vou primeiro.

Werstine (2010, p. 148), bem como Waith (1989, p. 161), esclarecem que a noção de castidade
a celebração do amor conjugal, legitimamente praticado.

3.6

HIPÓLITA

Depois, ouvi mi'as preces.

EMÍLIA

Por último, deixai-me suplicar.

PÍRITO

Por piedade.

HIPÓLITA

Piedade.

EMÍLIA

Destes príncipes.

TESEU

Fazeis minha fé vacilar.
[*Dirigindo-se à Emília*].
Digamos
Que compaixão eu tenha pelos dois.
Como a dispensaríeis?

EMÍLIA

Poupando suas vidas, mas exilando-os.

TESEU

Sois mulher, irmã: sabeis ter clemência,
Mas falta saber como dispensá-la.
Se quereis suas vidas, inventai
Um modo mais seguro que o exílio.
Poderão viver, cercados da angústia
Do amor, sem se matarem? Todo dia,
Lutariam por vós; todas as horas,
No fio das espadas, exporiam
Em público a vossa honra. Sede sábia,
E aqui os esquecei; isso concerne

Ao vosso crédito e ao meu juramento.
Já disse que eles morrem. É melhor
Tombar p'ela lei que p'la mão um do outro.
Minha honra não vergueis.

EMÍLIA

Ah... nobre irmão,
A jura foi com raiva e pressa feita;
A razão não a sustenta. Se tais juras
Fossem finais, o mundo acabaria.
Além disso, tenho outro juramento,
Contra esse, de mais peso e mais amor,
Feito sem paixão, e sim com cautela.

TESEU

Qual juramento, irmã?

PÍRITO

Insisti, dama.

EMÍLIA

Que jamais me negaríeis um pleito
Digno do meu pudor, da vossa graça.
Amarro-vos à jura; se falhardes,
Pensai que mutilais a vossa honra —
E agora vos imploro, meu senhor,
Surda a tudo, exceto à vossa piedade —
E que pode custar a vida deles
A mi'a reputação. A voz do povo!
Deve morrer por mim o que me ama?
Cruel noção seria. Será que os homens
Podam brotos que mil botões florescem
Por que podem estar podres? Ó Duque,
As mães que ao trazê-los à luz gemeram
E todas as donzelas que suspiram,
Se a jura persistir, vão maldizer

3.6

A mim e à mi'a beleza, e em cantos fúnebres
Por estes primos hão de escarnecer
Mi'a crueldade e clamar mi'a desgraça,
Até que eu seja o escárnio das mulheres.
P'los céus! Salvai-lhes a vida e exilai-os.

TESEU

Em que condições?

EMÍLIA

Forçai-os à jura
Que jamais façam de mim sua contenda,
Me reconheçam, pisem no teu reino,[154]
E que sejam, aonde quer que viajem,
Estranhos um ao outro para sempre.

PALAMON

Que em pedaços me cortem, se eu jurar!
Esquecer o amor? Desprezem-me os deuses!
Não me aborrece o exílio, se pudermos
Levar espada e causa; senão, Duque,
Tirai-nos logo a vida. Amo e amarei,
E por tal amor vou matar o primo,
Em qualquer pedacinho desta terra.

TESEU

Arcite, aceitais estas condições?[155]

PALAMON

Se aceitar, é um vilão.

PÍRITO

Estes são homens!

---

[154]Novamente, a mudança da pessoa do verbo é propositada e segue o original.
[155]Isto é, os termos que acabam de ser propostos por Emília.

ARCITE

Não, Duque, jamais. É pior que implorar
Sem decoro p'la vida; embora pense
Que dela jamais desfrutarei, guardo
A honra do afeto, e por ela morro,
Ainda que a morte seja um inferno![156]

TESEU

Que fazer? Pois, agora compadeço-me.

PÍRITO

Não recueis, senhor.

TESEU

        Dizei, Emília,
Se um dos dois morrer, e um vai morrer,
Contentai-vos com o outro por marido?
Não podem ambos ter-vos. São dois príncipes,
Tão dignos quanto os vossos próprios olhos,
Tão nobres quanto a fama já cantou.
Olhai p'ra eles; se sois capaz de amar,
Acabai co' esta rixa. Eu consinto.
Príncipes, estais também satisfeitos?

AMBOS

Com toda alma.

TESEU

        O que ela rejeitar morre.

AMBOS

Qualquer morte que inventardes, Duque.

---

[156]Trata-se da clássica "chamada", em relação ao desfecho da trama, no qual Arcite encontra, precisamente, a morte.

3.6

PALAMON

    Morrer por esta boca é morrer bem,
    E amantes por nascer me abençoam.

ARCITE

    Se ela me recusar, co' a tumba caso-me,
    E soldados entoem meu epitáfio.

TESEU [*Dirigindo-se à Emília*].
    Escolhei, então.

EMÍLIA

               Não posso, senhor;
    Todos dois são excelentes. Por mim,
    Não cai deles um só fio de cabelo.

HIPÓLITA

    Que será deles?

TESEU

               Assim ordeno.
    E, por minha honra, volto a afirmar,
    Obedecei ou morrem: volteis ambos
    Ao vosso país e, daqui a um mês,
    Cada um, junto a três dignos cavaleiros,
    Aqui voltareis, onde um obelisco
    Mandarei colocar; e quem dos dois,
    Diante dos que aqui estão, forçar
    O primo, em cortês e justo embate,
    A tocar o obelisco, ganha a dama;
    O outro há de ser decapitado,
    E os amigos também; sem protestar,
    E sem achar que morre com direito
    A esta dama. Estais, pois, satisfeitos?

PALAMON

Sim. Aqui, primo Arcite, novamente
Amigos até tal hora.
     [*Oferece-lhe a mão*].

ARCITE

          Abraço-vos.

TESEU

Estais contente, irmã?

EMÍLIA

          Tenho de estar,
Ou ambos morrem.

TESEU [*Dirigindo-se a Palamon e Arcite*].
        Vinde, apertai
De novo as mãos, e atentai, sendo vós
Cavalheiros, que esta rixa adormeça
Até a hora marcada; ficai firmes.

PALAMON

Não ousaremos falhar, Teseu.

TESEU

             Vinde,
A vós dispensarei um tratamento
A príncipes e amigos reservado.
Na volta, quem vencer fica em Atenas,
Por quem perder hei de chorar de pena.

    Saem.

ATO IV

Cena 1[157]

Entram o Carcereiro e um Amigo.

CARCEREIRO

    Não ouvistes mais nada? Sobre mim
    Nada dizem da fuga de Palamon?
    Caro senhor, lembrai-vos!

PRIMEIRO AMIGO

                    Nada ouvi,
    Pois voltei para casa antes que o caso
    Chegasse ao fim. Mas pude perceber,
    Antes de sair, que ambos seriam perdoados,
    Pois Hipólita e Emília belos-olhos,
    De joelhos, rogaram com tamanha
    Piedade, que o Duque pareceu
    Hesitar, se seguia a jura incauta,
    Ou a terna compaixão das duas damas.
    E p'ra secundá-las, o nobre Pírito,
    Príncipe, meio coração de Teseu,
    Também atuou — que tudo acabe bem
    É o que espero. Não ouvi teu nome
    E nada ouvi da fuga.

CARCEREIRO

             O céu que ajude.

---

[157]Local: Atenas, a prisão

4.1

Entra o Segundo Amigo.

SEGUNDO AMIGO
 Fica tranquilo, amigo; tenho novas,
 Boas novas.

CARCEREIRO
    Serão muito bem-vindas.

SEGUNDO AMIGO
 Palamon te livrou, o teu perdão
 Obtendo, e revelou como escapou,
 E pela ação de quem, de tua filha,
 Cujo perdão também foi concedido;
 E o prisioneiro, p'ra não ser ingrato,
 A ela deu um dote em dinheiro,
 Boa quantia, te garanto.

CARCEREIRO
      És bom homem;
 Sempre trazes boas novas.

PRIMEIRO AMIGO
     E o final?

SEGUNDO AMIGO
 Ora! Como devia: os que em vão
 Jamais rogaram foram atendidos;
 Os prisioneiros vivem.

PRIMEIRO AMIGO
     Eu sabia!

SEGUNDO AMIGO
 Mas há condições, as quais ouvirás
 Em hora oportuna.

CARCEREIRO

Que sejam boas.

SEGUNDO AMIGO

São honrosas; se são boas, não sei.

PRIMEIRO AMIGO

Havemos de saber.

Entra o Pretendente

PRETENDENTE

Ai, senhor! Onde está a tua filha?

CARCEREIRO

Por que me perguntas?

PRETENDENTE

Ai, senhor! Quando a viste?

SEGUNDO AMIGO [*À parte*].

Mas — que cara!

CARCEREIRO

De manhã.

PRETENDENTE.

Estava bem? Com saúde,
Quando ela se deitou?

PRIMEIRO AMIGO[*À parte*].

Pergunta estranha.

CARCEREIRO

Acho que não estava bem, agora
Que me fazes pensar; ainda hoje

137

4.1

Lhe fiz perguntas, e ela respondeu
De um jeito muito estranho, infantil,
Tolo, como se fosse uma bobinha,
E eu fiquei bastante aborrecido.
Mas dela o que dizes?

PRETENDENTE

Senhor, só pena;
Mas sabê-lo deveis, e antes por mim
Que por outro que menos a ame.

CARCEREIRO

Bem?

PRETENDENTE
Não, senhor, bem não.

PRIMEIRO AMIGO
Então?

SEGUNDO AMIGO
Nada bem?

PRETENDENTE
Verdade; está louca.

PRIMEIRO AMIGO
Não pode ser.

PRETENDENTE
Podes crer em mim.

CARCEREIRO

Eu já suspeitava
Do que me contas. Que os deuses a tenham!

4.1

Foi por causa do amor por Palamon,[158]
Ou por medo que eu fosse castigado
P'la fuga dele, ou ambos.

PRETENDENTE

É provável.

CARCEREIRO

Mas por que tanta pressa, meu senhor?

PRETENDENTE

Serei breve.[159] Estava eu pescando
No grande lago, lá atrás do palácio,
Pacientemente esperando p'lo peixe,
Quando, da outra margem, sempre cheia
De junco e junça, ouvi uma voz — aguda;
Atento, o ouvido, apurei e notei
Que alguém cantava e, pela fraca voz,
Que era criança ou mulher. Deixei, então,
O anzol sozinho, e fui me aproximando,
Mas não percebia de quem era a voz,
Que a vegetação tinha abafado.
Deitei-me e ouvi a letra da canção
Que ela cantava, pois naquele instante,
P'la clareira aberta por pescadores,
Vi que era tua filha.

CARCEREIRO

Prossegui.

PRETENDENTE

Cantava muito, mas sem um sentido;
Eu só ouvia: "Palamon foi embora,

---

[158]A partir desse ponto, surgem semelhanças entre a anônima Filha do Carcereiro e Ofélia, personagem de *A Tragédia de Hamlet, Príncipe da Dinamarca*, que enlouquece, provavelmente, por causa do amor pelo príncipe e por desgosto pela morte do pai.
[159]Trata-se de um momento de intensa ironia, pois a detalhada descrição do Pretendente nada terá de breve.

4.1

Embora p'ra o bosque colher amora;
Amanhã hei de encontrá-lo".

PRIMEIRO AMIGO

Pobre alma!

PRETENDENTE

"Os ferros vão traí-lo; será preso.
E que farei então? Levo p'ra ele
Um bando, cem donzelas de olhos negros,
Que amam como eu, com coroas de narcisos,
Lábios de cereja e faces rosadas,
E todas dançaremos para o Duque,
E seu perdão rogaremos". Então,
Falou de ti, senhor, que perderias
A cabeça p'la manhã, que devia
Colher flores para vos sepultar
E dar um jeito em casa. Depois disso,
Cantou "Salgueiro, salgueiro, salgueiro",
E mais "Palamon, belo Palamon",
E "Palamon era jovem valente".[160]
Onde estava a água dava nos joelhos;
Uma guirlanda de junco cingia-lhe
As tranças desgrenhadas; à sua volta,
De várias cores, mil flores aquáticas;
Parecia a bela ninfa que nutre
O lago co' água, ou Íris[161] do céu caída.
Com junco fazia anéis, e lhes dizia
Belos motes: "Amarro assim o amor",
"Isto podes perder, não eu",[162] e outros;

[160]O original assinala *tall young man*. Sigo abonação de Mowat e Werstine (2010, p. 168), Turner e Tatspaugh, 2012, p. 161), Waith (1989, p. 169) e Potter (1996, p. 265).

[161]Potter (1996, p. 265) esclarece: Íris é mensageira de Juno, e personificação do arco-íris. A Filha do Carcereiro, com suas flores, é também uma figura multicor.

[162]Mowat e Werstine (2010), na edição Folger, por mim adotada como texto-fonte, aqui fixam "*lose*" ("perder"); por questão de método, sigo meu texto-fonte. No entanto, Evans (1997) e Potter (1996) preferem a grafia que consta do Q1, a saber, "*loose*" ("soltar", "desprender"), que altera o sentido do verso para algo como "Isto podes soltar, não eu", sentido que condiz com o verso anterior, em que o mote sugerido pela Filha do Carcereiro sugere que a amante amarra o junco em formato de anel.

4.1

E então chorou, cantou, e suspirou,
Enquanto sorria e beijava a mão.

SEGUNDO AMIGO
Ai, que pena!

PRETENDENTE
Cheguei mais perto dela.
Me viu, e na água se atirou. Salvei-a
E levei-a pr'a margem, e ela fugiu
Rumo à cidade, correndo e gritando,
Tão veloz, podeis crer, p'ra trás deixou-me.
De longe, vi três ou quatro tentando
Interceptá-la, um deles o teu irmão;
Ela parou e caiu, não querendo
Ser levada. Com eles a deixei
E aqui vim te contar.
Entram o Irmão do Carcereiro, a Filha do Carcereiro e outros.
Ei-los aí.

FILHA [*Cantando*].
"Que nunca mais desfrutes da luz, etc."[163]
Não é bela a canção?

IRMÃO DO CARCEREIRO
Ah... muito bela.

FILHA
Sei mais vinte cantar.

IRMÃO DO CARCEREIRO
Acho que sabes.

FILHA
Sim, sei mesmo. Sei cantar "A Vassoura"

[163]Turner e Tatspaugh (2012, p. 162), Waith (1989, p. 170) e Potter (1996, p. 266) observam que o restante
da canção jamais foi identificado e especulam que seria uma canção conhecida do público.

4.1

E "Belo Robin".[164] Não és alfaiate?

IRMÃO DO CARCEREIRO

Sim.

FILHA

Cadê meu vestido de casamento?

IRMÃO DO CARCEREIRO

Vou trazê-lo amanhã.

FILHA

Faz isso cedinho, senão estarei fora, chamando as meninas e pagando os menestréis, pois vou perder a honra antes que amanheça. Ou a coisa não vai vingar.

Canta
Ó belo, Ó meigo, etc.

IRMÃO DO CARCEREIRO [*Dirigindo-se ao Carcereiro*].

Precisas ser paciente.

CARCEREIRO

É verdade.

FILHA

Boa noite, bons senhores. Por favor, já ouvistes falar do jovem Palamon?

CARCEREIRO

Sim, garota, nós o conhecemos.

FILHA

Não é um belo cavalheiro?

---

[164]Os títulos, em inglês, são "The Broom" e "Bonny Robin". De acordo com os estudiosos, trata-se de duas cantigas populares, sendo a segunda, provavelmente, uma balada acerca de Robin Hood (WAITH, 1989, p. 170; POTTER, 1996,p. 267, 362).

CARCEREIRO

É, querida.

IRMÃO DO CARCEREIRO [*Dirigindo-se aos demais*].

Em hipótese alguma deve ser contrariada; ficará muito mais perturbada do que agora.

PRIMEIRO AMIGO [*Dirigindo-se à Filha do Carcereiro*].

Sim, é um belo homem.

FILHA

Ah... é mesmo? Tens uma irmã.

PRIMEIRO AMIGO.

Sim.

FILHA

Mas, ela jamais o terá — dizer-lhe isso — pois, eu tenho um truque; convém cuidar dela, porque, se ela o vir uma só vez, está perdida, vai se perder na mesma hora. Todas as jovens da nossa aldeia caem de amor por ele, mas eu rio delas e as ignoro. Não sou esperta?

PRIMEIRO AMIGO

Sim.

FILHA

Há pelo menos duzentas, neste momento, esperando criança dele — hão de ser quatrocentas; mas, eu mantenho a boca fechada, fechada qual uma ostra; e hão de ser todos meninos — ele tem um truque — e aos dez anos haverão de ser todos capados, para serem músicos e cantarem as guerras de Teseu.

SEGUNDO AMIGO

Isso é estranho.

FILHA

Como nunca ouviste. Mas nada digas sobre isso.

4.1

PRIMEIRO AMIGO
Não.

FILHA
Elas vêm de todos os cantos do ducado para vê-lo; eu juro que ontem à noite ele cuidou de vinte, e depois as despachou. Ele resolve a coisa em duas horas, se estiver em boa forma.

CARCEREIRO [*À parte*].
Foi-se — sem possibilidade de cura.

IRMÃO DO CARCEREIRO
Deus nos livre, homem!

FILHA[*Dirigindo-se ao Carcereiro*].
Vem aqui; tu és um homem sábio.

PRIMEIRO AMIGO [*À parte*].
Será que ela o reconhece?

SEGUNDO AMIGO
Não; bom seria se reconhecesse.

FILHA
És comandante de um navio?

CARCEREIRO
Sim.

FILHA
Cadê a tua bússola?

CARCEREIRO
Aqui.

FILHA

Aponta-a para o norte. E agora segue a rota do bosque, onde Palamon suspira por mim. Quanto à navegação, deixa tudo comigo. Vinde, içai a âncora, marujos, mãos à obra!

TODOS [*Como se estivessem navegando*].

Upa, upa, upa! Está içada! O vento está bom! Recolher a bolina! Desfraldar a bujarrona! Cadê o teu apito, comandante?

IRMÃO DO CARCEREIRO

Vamos levá-la!

CARCEREIRO

Sobe até a gávea, rapaz!

IRMÃO DO CARCEREIRO

Cadê o piloto?

PRIMEIRO AMIGO

Aqui.

FILHA

O que estás vendo?

SEGUNDO AMIGO

Um formoso bosque.

FILHA

Para lá, comandante! Proa contra o vento!
        Canta.
"*Quando Cíntia,*[165] *com a luz emprestada, etc.*"
        Saem.

---

[165]Isto é, Ártemis ou Diana, deusa da lua, nascida no Monte Cinto.

4.2

Cena 2[166]

Entra Emília, sozinha, trazendo dois retratos.

EMÍLIA

Inda posso as feridas suturar,
Que hão de abrir e sangrar até a morte
Por mi'a causa. Farei, então, a escolha
E acabo co' a rixa. Dois belos jovens
Não vão tombar por mim; as mães chorando,
Seguindo as cinzas frias dos seus filhos,
Não vão amaldiçoar mi'a crueldade.
    [Olha para um dos retratos].
Ó céus! Que rosto lindo tem Arcite!
Se a Natura, com seus melhores dotes,
Beleza que semeia em corpos nobres,
Fosse uma mortal, e o pudor tivesse
Das jovens donzelas, ainda assim,
P'ra este homem correria enlouquecida.
Que olhos, que ardente cintilação
E vivo candor tem o jovem príncipe!
Aqui o próprio Amor está sorrindo;
Foi assim que o coquete Ganimedes
Júpiter inflamou, e o obrigou
A raptar o belo e junto a si tê-lo,
Brilhante constelação. E que fronte
Ele ostenta, tão ampla e majestosa,
Arqueada, qual de Juno de olhos grandes,
Mais terna, mais lisa que o ombro de Pélope![167]
Penso que desta fronte, a Fama e a Honra,
Qual de uma serra que toca no céu,
Deveriam alçar voo e ao mundo entoar

---

[166]Local: Atenas, o palácio.

[167]Referência ao belo rapaz, na mitologia grega, raptado por Zeus para servir néctar aos deuses, sendo posteriormente transformado na constelação de Aquário. Pélope foi morto por seu pai, Tântalo, que esquartejou seu corpo e ofereceu-o aos deuses olímpicos, desejoso de obter seus favores e de saber se os deuses reconheceríam o sabor de carne humana. Demeter aceitou a oferenda e comeu o ombro esquerdo da vítima, mas os demais deuses condenaram a atitude de Tântalo, e trouxeram Pélope de volta à vida, restaurando seu ombro com uma peça de marfim liso.

4.2

Os amores e as lutas desses deuses
E dos homens que deles se aproximam.
     [*Olha para o outro retrato*].
Palamon é um contraste, uma sombra;
É moreno e magro, de olhos tão tristes
Como se a mãe perdera; é apático,
Nada o empolga, nada o entusiasma;
Do ardor e da agudez do outro nem rastro.
Contudo, estas falhas lhe caem bem;
Narciso era triste, mas divino.
Ah... quem sabe o capricho da mulher?
Sou mesmo uma tola; perdi a razão.
Não sei optar; menti com tal torpeza
Que as mulheres deveriam me bater.
De joelhos peço perdão: Palamon,
Tu és o único belo, e estes olhos,
As luzes cintilantes da beleza,
Comandam e ameaçam todo o amor.
Que jovem ousa a eles resistir?
Que sisudez altiva, mas atraente,
Tem este rosto pardo e viril!
Ó Amor! Agora, cor só existe esta!
Fica aí, Arcite.
     [*Põe de lado seu retrato*].
       Diante deste aqui
És um enjeitado, mero cigano,
É este o corpo nobre. Estou confusa,
Totalmente perdida. Já não tenho fé
Numa vida casta.[168] Se meu irmão
Me perguntasse agora a quem amo,
Eu diria que sou louca por Arcite.
Se mi'a irmã, que mais quero Palamon.
Lado a lado, os dois. Vai, pergunta, irmão.
Ai! Não sei! Vai, pergunta, cara irmã.

---

[168] O original registra "*My virgin's faith has fled me*". Sigo paráfrase proposta por Turner e Tatspaugh (2012, p. 168).

4.2

Busco em vão! Que criança é o Amor,[169]
Pois, tendo dois brinquedos tão queridos,
Não se decide, e chora pelos dois.
    Entra um cavalheiro.
Pois não, senhor?

CAVALHEIRO
          Do duque, vosso irmão,
Senhora, trago novas. Já chegaram
Os cavaleiros.

EMÍLIA
       P'ra rixa acabar?

CAVALHEIRO
Sim.

EMÍLIA
Que eu acabasse antes! Que pecados
Cometi, casta Diana, para a minha
Juventude sem mácula ora ser
Manchada com o sangue desses príncipes,
E a minha castidade ser o altar
Onde a vida de amantes — dois maiores
E melhores jamais mães alegraram —
Se sacrifica à mi'a beleza triste?

    Entram Teseu, Hipólita, Pírito e Criados.

TESEU [*Dirigindo-se a um Criado*].
Trazei-os logo. Quero muito vê-los.
    [*Dirigindo-se à Emília*].
Vossos dois rivais amantes voltaram,
E com eles seus belos cavaleiros.
Agora, bela irmã, amareis um.

[169]O original assinala "*fancy*". A opção aqui exercida aparece abonada em Turner e Tatspaugh (2012, p. 168),
Potter (1996, p. 273), Crystal e Crystal (2002, p. 168) e Onions (1986, p. 98).

EMÍLIA

    Antes fossem os dois, p'ra que nenhum
    Por minha causa cedo perecesse.

TESEU

    Quem os viu?

PÍRITO

            Eu, por um instante.

CAVALHEIRO

                        E eu.

    Entra um Mensageiro.

TESEU

    De onde vindes, senhor?

MENSAGEIRO

                Dos cavaleiros.

TESEU

    Por obséquio, dizei, vós que já os vistes,
    Como eles são.

MENSAGEIRO.

              Direi, senhor, de fato,
    O que penso. Seis homens mais valentes
    Do que esses, a julgar pela aparência,
    Nunca vi, nem nos livros. O que fica
    Logo ao lado de Arcite é vigoroso,
    Tem cara de príncipe — é o que aparenta;
    O tipo é mais moreno do que negro —
    Sisudo, mas mui nobre — o que o revela
    Intrépido, audaz, afeito a perigos;
    Os seus olhos demonstram fogo interno,

4.2

E o olhar é o de um leão enfurecido.
O cabelo cai-lhe atrás, preto e liso
Como as asas dos corvos; dos seus ombros,
Largos e fortes, saem braços longos,
Musculosos, e sobre a coxa pende
A espada, por um raro cinto presa,
P'ra com ela selar, quando zangado,
Sua vontade. Melhor companheiro,
Posso dizer, soldado nunca teve.

TESEU

Descreveste-o bem.

PÍRITO

                        Mas muito inferior,
Penso eu, ao que segue com Palamon.

TESEU

Por obséquio, descreve-o, meu amigo.

PÍRITO

Suponho que também seja um príncipe,
Se possível, mais que isso; seu aspecto
Contém da honra todos os adornos:
Maior que o cavaleiro já descrito,
Mas de rosto mais terno; já sua tez
É qual uva madura, bem corada.
Sem dúvida, sabe por que combate,
E p'ra abraçar a causa está mais apto.
Seu rosto estampa toda a esperança
Daquilo ao que ele visa, e quando zanga,
Uma coragem calma, sem extremos,
Corre pelo seu corpo e guia-lhe o braço
Em feitos bravios. Não sabe o que é medo;
Tais fraquezas de têmpera não mostra.
O cabelo é louro, crespo e enredado

Como galhos de hera, que nem trovões
Conseguem desfazer. Em seu semblante
Veem-se as cores da virgem guerreira,[170]
Carmim e branco, pois barba inda falta.
E em seu olhar fugaz vê-se a vitória,
Como se pretendesse o ardor coroá-lo.
O nariz se projeta, sinal de honra;
Lábios rubros, pós-lutas, são das damas.[171]

EMÍLIA

Esses homens também devem morrer?

PÍRITO

Quando fala, sua voz é qual trompete.
Seus traços são os que um homem deseja,
Marcantes e fortes. Porta um machado
De bom aço, com um cabo de ouro;
Sua idade ronda pelos vinte e cinco.

MENSAGEIRO

Há outro, baixinho, mas duro na queda,
Parece grande como qualquer um;
Nunca vi maior promessa em tal corpo.

PÍRITO

Ah... é o sardento?

MENSAGEIRO

O próprio, senhor.
Não são charmosas?[172]

PÍRITO

Sim, vão bem com ele.

---

[170]Alusão provável à já glosada deusa Atena (ver notas 72 e 126).
[171]Isto é, prontos a serem beijados pelas damas.
[172]Evidentemente, referindo-se às sardas.

4.2

MENSAGEIRO
Acho que, sendo poucas e espalhadas,
Mostram a bela arte da natureza.
Tem cabelo louro, não louro-branco,
Mas um tom bronzeado, acastanhado;
É ágil e tenaz, o que revela
Um espírito ativo. Braços fortes,
De músculos providos, as espáduas
Abaúlam um pouco, qual mulheres
No início da gravidez, indicando-o
Propenso ao trabalho, não sentindo
O peso dos braços. Calmo é contido;
Porém, quando se agita é um tigre.
Tem os olhos cinzentos, o que enseja
Compaixão quando vence; é astuto
Ao espreitar vantagens e, ao achá-las,
Logo tira proveito. Não ofende,
E não tolera ofensa. Rosto é redondo,
E quando abre o sorriso, é amante;
Quando contrai o cenho, é soldado.
Traz na cabeça a coroa de carvalho,[173]
E dela pende a prenda de uma dama.
Com seus trinta e seis anos deve estar.
Na mão leva uma lança prateada.

TESEU
São todos assim?

PÍRITO
São todos honrosos.

TESEU
Ora! Por minha alma! Quero vê-los!
Dama, vereis heróis lutar.

[173]Concedida em reconhecimento à bravura em batalha pelos romanos (POTTER, 1996, p. 279; TURNER; TATSPAUGH, 2012,p. 173).

HIPÓLITA

Quisera,
Senhor, fosse outra a causa. Mostrariam
Bravura defendendo dois estados;
É pena ser o amor tão impiedoso.
Ah... irmã, coração meigo, o que pensas?
Não chores até que sangue eles chorem.[174]
Não tem jeito, maninha!

TESEU [*Dirigindo-se à Emília*].
Vossa beleza em aço os transformou.
[*Dirigindo-se a Pírito*].
Honrado amigo, a vós concedo o campo;
Fazei-o digno dos que irão usá-lo.

PÍRITO
Sim, senhor.

TESEU
Vinde, irei vê-los. Não posso esperar —
Me incita a fama deles — que apareçam.
Amigo, com pompa.

PÍRITO

Com esplendor.

[*Saem todos, exceto Emília*]

EMÍLIA
Chora, mulher, vencendo qualquer lado,
Vai-se um primo nobre por meu pecado.

Sai.

---

[174]Ou seja, até que sangrem os ferimentos dos combatentes (TURNER; TATSPAUGH, 2012, p. 173).

4.3

Cena 3[175]

> *Entram o Carcereiro, o Pretendente e o Médico.*

MÉDICO

A loucura dela é mais intensa em determinadas horas da lua, não é?

CARCEREIRO

A perturbação é contínua, embora inofensiva; dorme pouco, perdeu o apetite, mas bebe bastante, e sonha com outro mundo, melhor; e seja lá o assunto sem sentido sobre o qual fala, o nome Palamon ela enfia no meio de tudo, e tudo tem a ver com ele.

> *Entra a Filha do Carcereiro.*

Olhai, aí vem ela; logo vereis o comportamento.

> [*Põem-se de lado*].

FILHA

Já esqueci tudo. O refrão dizia "desce, desce...", e foi composto pela pena de ninguém menos do que o Geraldo, mestre-escola da Emília. Ele inventa mais do que qualquer um, pois, no outro mundo, Dido vai ver Palamon e vai deixar de amar Eneias.[176]

MÉDICO [*À parte, dirigindo-se ao Carcereiro e ao Pretendente*].

Que sandice é essa? Pobre criatura!

CARCEREIRO

Passou o dia todo assim.

FILHA

Agora, para essa simpatia que eu te ensinei, deves trazer uma moeda de prata na ponta da língua, senão, nada de balsa; então, se tiveres a sorte de chegar onde estão as almas abençoadas, que visão! Nós, donzelas cujos corações se partiram por amor, lá estaremos, e nada faremos o dia inteiro,

---

[175]Local: Atenas, a prisão. A cena transcorre em prosa.

[176]Na *Eneida*, poema épico de autoria do poeta romano Virgílio, Dido, Rainha de Cartago, mata-se por que Eneias a abandona, ao seguir viagem para a Itália. Remetendo-se a Leech e Bawcutt, Potter (1996, p. 282) observa que a Filha do Carcereiro imagina que o Mestre-escola tenha lhe ensinado uma canção sobre Dido e Eneias, a qual ela rejeita, pois acha que Dido vai se apaixonar por Palamon e esquecer Eneias.

4.3

a não ser colher flores com Prosérpina.[177] Então, vou fazer um buquê para o Palamon; e ele então vai me notar.

MÉDICO

Que lindo o delírio dela! Vamos ouvi-la um pouco mais.[178]

FILHA

Eu vos digo: às vezes, brincamos de pega-pega, nós, as abençoadas. Ai! É triste a vida lá no outro lugar — queimam, fritam, fervem, silvam, uivam, tiritam, praguejam. Ah, é severo o castigo, cuidado! Quem fica louco, se enforca ou se afoga, vai direto para lá — valei-nos Júpiter! — e lá eles metem a gente num caldeirão cheio de chumbo derretido e banha de agiota, no meio de um milhão de punguistas, e lá a gente cozinha como um pernil de porco que nunca fica pronto.

MÉDICO

Como a mente dela fantasia!

FILHA

Lordes e cortesãos que engravidam as criadas vão direto para lá. São metidos no fogo, até o umbigo, e no gelo até o coração, e lá a parte que ofendeu queima, e a parte que enganou congela; na verdade, é um castigo cruel demais, alguém pode pensar, por uma coisinha de nada. Podeis acreditar no que digo: esses homens se casariam com uma bruxa leprosa, para se livrarem daquilo — eu garanto.

---

[177]A moeda se refere ao mito de Caronte, em pagamento ao próprio, barqueiro que transporta as almas dos recém-mortos pelos rios que separam o mundo dos vivos do mundo dos mortos. Proserpina ou Prosérpina (correspondente na Grécia a Perséfone) é filha de Júpiter com Ceres, uma das mais belas deusas de Roma. Justamente, enquanto colhia flores, foi raptada por Plutão (Hades), que a desposou. Ceres, desesperada e enfurecida com o desaparecimento da filha, passou a destruir as colheitas e as terras. Somente a pedido de Júpiter, concordou em devolver a vida à natureza, exigindo, no entanto, que Plutão lhe devolvesse a filha. No entanto, por um ardil de Plutão, Prosérpina havia comido um bago de romã; logo, não poderia abandonar o submundo de forma definitiva. Finalmente, encontrou-se uma solução do agrado de todos: Prosérpina passaria metade do ano debaixo da terra, no submundo, na companhia do marido — época que corresponderia ao inverno — e a outra metade do ano na superfície, na companhia da mãe — período correspondente ao verão, quando a natureza renasce.

[178]A Filha do Carcereiro, figura que não consta em Chaucer, sendo, portanto, criação de Shakespeare e Fletcher, é um dos personagens femininos mais fascinantes da dramaturgia inglesa. É interessante especular a recepção impactante dessa invectiva da Filha nas plateias mais do que heterogêneas que à época frequentavam o Teatro Globe, em Londres.

4.3

MÉDICO

Como prossegue no delírio! Não é loucura, mas uma intensa e profunda melancolia.[179]

FILHA

Ouvir uma nobre orgulhosa e uma burguesa orgulhosa uivarem lado a lado — eu seria um monstro se dissesse que é divertido. Uma grita "Ah... esta fumaça!"; "Este fogo!" grita a outra; uma grita "Ah... por que fui fazer aquilo atrás da cortina!", e depois uiva; a outra amaldiçoa um sujeito sedutor e o caramanchão.

Canta
Serei fiel, minhas estrelas, meu destino, etc.

Sai a Filha do Carcereiro.

CARCEREIRO

Que pensais dela, senhor?

MÉDICO

Acho que está com a mente perturbada, e que não sou capaz de curá-la.

CARCEREIRO

Ai de mim! E então?

MÉDICO

Sabeis se ela se apegou a algum outro homem antes de ver Palamon?

CARCEREIRO

Houve um tempo, senhor, em que eu tinha esperança que ela gostasse deste cavalheiro aqui, meu amigo.

PRETENDENTE

Eu também tinha, e achava que seria um ótimo negócio a ela ceder a metade dos meus bens, se nós dois, ela e eu, neste momento, estivéssemos deveras nas mesmas condições.

---

[179]Na fisiologia medieval, melancolia era considerada enfermidade resultante do excesso de bile negra no corpo, por seu turno, provocado, entre outras causas, por amor não correspondido. Entre os sintomas constavam, precisamente, insônia e inapetência.

4.3

MÉDICO

A perturbação visual perturbou-lhe os outros sentidos. É possível que eles voltem a executar suas funções originais, mas no momento divagam na maior extravagância. Deveis fazer o seguinte: ela deve ser mantida num local onde a luz penetre com dificuldade, ao invés de entrar livremente. Assume, jovem, que sois amigo dela, o nome de Palamon; dizei que viestes comer com ela e falar de amor. Isso vai atrair-lhe a atenção, pois sua mente está com isso obcecada; os demais objetos interpostos entre a mente e a visão dela tornaram-se joguetes de sua loucura. Cantai-lhe as ternas cantigas de amor que ela diz ter ouvido de Palamon na prisão. Ide visitá-la enfeitado com as flores mais belas da estação, e acrescente perfumes aos quais os sentidos sejam gratos. Tudo isso há de transformar-vos em Palamon, pois Palamon sabe cantar, e Palamon é cheiroso, e tudo de bom. Fazei refeições com ela, servi-lhe carnes, bebei com ela, e nesse ínterim solicite-lhe as graças e os favores. Descobri que donzelas são suas amigas e companheiras, e instruí-as a falar-lhe de Palamon, e a levar-lhe presentes, como se fossem sugeridos por ele. Está iludida, e com ilusões deve ser tratada. Isso talvez a faça comer, dormir e devolver à antiga ordem e correção o que agora está fora dos eixos. Já vi isso surtir efeito, nem sei quantas vezes, mas, para que esse número aumente, tenho esperanças na presente ação. Virei prestar assistência ao tratamento. Vamos logo colocá-lo em prática, pois, sem dúvida, haverá de trazer alívio.

Saem.

ATO V

Cena 1[180]

> *Clarinada. Entram Teseu, Pírito, Hipólita e Criados.*
> [*Três altares estão armados no palco*].

TESEU

Agora, que eles entrem, e ante os deuses
Ofereçam suas preces. Que os templos
Cintilem com o fogo consagrado,
E os altares, em santas nuvens, mandem
Incenso aos que estão lá nas alturas.
Nada pode faltar. Em suas mãos têm
Uma tarefa nobre, que há de honrar
Os poderes que os amam.

PÍRITO

Senhor, ei-los.

> *Clarinada. Entram Palamon e Arcite, com seus Cavaleiros.*

TESEU

Valentes e audazes inimigos,
Régios primos adversos, que hoje vindes
P'ra extinguir a amizade que vos queima,
Deixai de lado o ódio por uma hora,
E, em paz, ante os altares mais sagrados
Dos deuses temidos que vos protegem,
Prostrai os vossos corpos obstinados.

---

[180]Local: Atenas, um local aberto.

5.1

Vossa ira é mais que humana; seja assim
Vosso auxílio. E, pois que vos vigiam
Os deuses, com justiça combatei.
Com vossas preces deixo-vos; meus votos
Parto entre os dois.

PÍRITO

Coroa a honra o mais digno!

Saem Teseu e o séquito.

PALAMON

Agora na ampulheta corre a areia
Que não para até que um de nós expire.
Saiba: se algo em mim a esta questão
Se opusesse, fosse um olho contra outro,
Braço oprimindo braço, eu destruiria
O agressor, primo. Mesmo sendo parte
Do meu corpo. Por isso, considera
Como hei de te tratar.

ARCITE

Envido esforços
P'ra riscar da memória o teu nome,
O teu antigo afeto, o parentesco,
E no lugar pôr algo a ser destruído.
Pois, icemos as velas que estes barcos
Hão de aportar onde aos céus agradar.

PALAMON

Falas bem. Antes de ir, primo, te abraço.
[*Abraçam-se*].
Isto não volto a fazer.

ARCITE

Um só adeus.

PALAMON

Pois, assim seja. Adeus, primo.

ARCITE

Adeus.

Saem Palamon e seus Cavaleiros.

Cavaleiros, parentes, sim, amigos
Que por mi'a causa vos sacrifiqueis;
Seguidores legítimos de Marte,
Cujo espírito em vós faz expulsar
As sementes do medo e da noção
De medo, que procria o medo, vinde
Comigo ante o deus da nossa lida.
Ali rogai-lhe fôlego de tigre
E coração de leão; furor, também,
Sim, e agilidade — para avançar;
Sem isso nós seríamos qual lesmas.
Bem sabeis que o meu o prêmio vem do sangue;
Força e façanha hão de conceder-me
A coroa onde a rainha das flores
É fixada.[181] Portanto, nosso pleito
Àquele que do campo de batalha
Faz um poço transbordante de sangue.
Ajudai-me e curvai-vos diante dele.

Dirigem-se ao altar de Marte, prostram-se e então se ajoelham.

Ó poderoso deus! Que transformastes
Em purpúreo o mar verde, cuja vinda
Os cometas anunciam, cujo caos
Proclamam as caveiras insepultas,
Cujo hálito faz cortar a abundância
De Ceres,[182] cuja mão, co'a força de armas,[183]
Arranca das nuvens torres de pedra,
E tanto constrói como destrói muros

---

[181]Alusão direta à rosa, e indireta à Emília, representada pela rosa na coroa do vencedor.
[182]Ver nota 179.
[183]O original registra o adjetivo *"armipotent"*. O sentido aqui traduzido é abonado por Crystal e Crystal (2002, p. 23).

5.1

De cidades! Instruí vosso pupilo,
O mais novo a seguir vosso tambor,
Em destreza de luta, p'ra que eu possa
Em vosso louvor levar mi'a bandeira,
E por vós ser feito herói deste dia.
Dai-me, Marte, um sinal do vosso agrado.

*Eles voltam a se prostrar, e ouve-se o tinir de armaduras e uma trovoada,
como se fosse o clamor de uma batalha, ao que eles se levantam e fazem
uma reverência diante do altar.*

Ó grande corretor de tempos cruéis,
Que abalais os estados mais corruptos,
Grande juiz de títulos poeirentos
E velhos, que com sangue curais terras
Doentes e o mundo livrais dos excessos!
P'ra mim vossos sinais são venturosos,
E em vosso nome marcho ao meu destino.
Vamo-nos.

Saem.

*Entram Palamon e seus Cavaleiros, com a mesma reverência dos que os
precederam.*

PALAMON

Nossas estrelas hão de cintilar
Com uma chama nova, ou se extinguir.
Nossa rixa é o amor, o qual, se a deusa
Conceder, também concede a vitória.
Então, mesclai ao meu vossos espíritos,
Cuja grande nobreza faz mi'a causa
Risco vosso. À Vênus, nossa deusa,
Confiamos nossa ação, e suplicamos
Sua força em nosso lado.
    Dirigem-se ao altar de Vênus, prostram-se e então se ajoelham.

Ó, salve, soberana dos segredos,[184]
Que tendes o poder de apaziguar
A raiva do tirano mais feroz
E fazê-lo chorar por uma jovem;
Que, com um mero olhar, silenciais
Os tambores de Marte e transformais
Em sussurro o alarido do combate;
Que o coxo fazeis brandir a muleta,
À cura levando-o antes que Apolo;[185]
Que podeis forçar rei a servir súdito,
E fazer velho sisudo bailar.
O calvo solteirão, que quando jovem,
Qual menino que pula a fogueira,
Escapou da vossa chama, aos setenta,
Podeis pegá-lo e fazê-lo cantar,
P'ra desdém dos que lhe ouvem a voz rouca,
Joviais cantigas de amor. Sobre qual
Poder divino não tereis mais força?
Tendes chamas mais quentes do que Febo;[186]
Fogo do céu queimou-lhe o filho humano,
E vosso fogo ele próprio queimou.[187]
A caçadora, dizem, fria e úmida,
Abandonou o arco e suspirou.[188]
A mim concedei graça, pois sou vosso
Fiel soldado, que vosso jugo leva
Como se fosse uma coroa de rosas,
Inda que pese mais que o próprio chumbo,
E mais que uma urtiga faça arder.
Da vossa lei eu nunca falei mal,

---

[184]Turner e Tatspaugh (2012, p. 183) esclarecem que o sigilo, a discrição, era uma das características precípuas do amor cortês.

[185]Apolo é também o deus da cura.

[186]Ver notas 24 e 51.

[187]Dois mitos são aqui referidos. No primeiro, Feton filho de Febo (Apolo), tentando dirigir a carruagem do sol, perde o controle do veículo e quase destrói a terra. A fim de prevenir um desastre, Júpiter (Zeus) vê-se obrigado a fulminá-lo com um raio. No segundo mito, Febo zomba de Cupido, filho de Vênus, por estar brincando com arco e flecha, armas designadas a homens adultos. Cupido o pune, atingindo-o com uma flecha que o inflama de amor, provavelmente por Clímene, mãe do próprio Feton.

[188]Referência à Diana, deusa da lua e da caça, que suspirou de amor por um mortal, o belo pastor Endimião.

5.1

E nunca revelei vossos segredos,
Pois não os sabia — e não o faria,
Mesmo se soubesse. Não seduzi
Esposa de ninguém, e nunca li
Escritos difamantes. Em banquetes,
Jamais quis difamar uma beldade,
E corava diante dos idiotas
Que o faziam. Fui rude com aqueles
Que de suas conquistas se gabavam,
E irado indaguei-lhes se tinham mães —
Eu tinha, era mulher, e tais ofensas
Eram contra as mulheres. Conheci
Um homem de oitenta e tal invernos —
Contei-lhes — que casou com uma jovem
De catorze anos; tendes o poder
De atribuir vida ao pó. O reumatismo[189]
Torcera-lhe ao contrário os dois pés;
Em seus dedos a gota dera nós;
Convulsões torturantes, por um triz,
Não lhe extraíam os globos oculares,
Tanto que nele a vida era tortura.
Tal ossada gerou na bela esposa
Um filho, e creio que fosse dele,
Pois ela assim jurava, e por que não
Acreditar no que dizia? Em suma,
Quem se gaba e fez, eu não acompanho;
Quem se gaba e não fez, eu desafio;
Quem poderia e não fez, eu saúdo.
Não me agrada quem revela segredos
Ou intimidades descaradamente.
Assim sou eu, e juro que jamais
Amante suspirou com tal verdade.
Ó deusa meiga e doce! Concedei-me
Na questão a vitória, que é o mérito

---

[189]O original registra *"aged cramp"*. O sentido aqui adotado encontra abonação em Turner e Tatspaugh (2012, p. 185).

Do amor verdadeiro, e abençoai-me
Com um sinal do vosso bem-querer.

    Ouve-se música; pombas revoam. Eles voltam a se prostrar, e então se
ajoelham.

Ó deusa, que dos onze aos noventa anos
Reinais nos corações de nós mortais,
Que neste mundo caça, sendo nós,
Em bandos, vossas presas, agradeço-vos
Pelo belo sinal, que, penetrando
Em meu puro e inocente coração,
Meu corpo arma p'ra luta. Levantemo-nos
E ante a deusa curvemo-nos.

    Levantam-se e fazem reverência.
              É hora.

    Saem.

    Música suave [de flautas]. Entram Emília, de branco, com os cabelos
caídos sobre os ombros, com uma coroa de trigo; uma moça de branco,
segurando-lhe a cauda do vestido e com os cabelos enfeitados de flores;
uma moça à frente dela, carregando uma corça de prata contendo
incenso e perfumes, a qual, depois de ser depositada sobre o altar [de
Diana], e depois de as demais damas se afastarem, é por Emília acesa.
Então, todas fazem reverência e se ajoelham.

EMÍLIA
Ó deusa sombria, fiel, sagrada e fria,
Desertora das festas, muda, quieta,
Solitária, graciosa, branca e casta
Como a neve soprada pelo vento,
Que mais sangue, senão o de um rubor;
Não permitis às vossas cavaleiras,
Sendo o rubor o traje de sua ordem!
Aqui venho, vossa sacerdotisa,
Prostrar-me ante vosso altar. Contemplai
Co' esses raros olhos verdes, que nunca

5.1

Espiaram coisa impura, a vossa virgem,
E, santa dama de prata, cedei
Vosso ouvido — que jamais escutou
Termo obsceno, por cuja entrada som
Imoral jamais passou — ao meu pleito,
Temperado de temor e respeito.
É o meu último ofício de vestal.
Traje é de noiva, coração de virgem.
Já me foi escolhido um marido,
Mas não sei quem é. Devo eleger um,
Entre dois, e rezar por seu sucesso,
Mas não serei culpada pela escolha.
Se um dos meus olhos eu fosse perder —
Sendo ambos preciosos —, não haveria
De condenar nenhum dos dois; o que
Morresse não o seria por mi'a sentença.
Então, cândida deusa, permiti
Que aquele pretendente que mais me ame,
E que a tal amor tenha mais direito,
Tire minha coroa de trigo, ou então,
Deixai-me seguir, como estou, servindo-vos.

> *Aqui a corça desaparece embaixo do altar, e em seu lugar surge uma roseira, com uma única rosa.*[190]

Vede o que aquela que as marés comanda
Faz surgir das entranhas do altar santo:
Uma rosa só. Se bem interpreto,
A luta vai destruir os dois audazes,
E eu, virgem flor, não serei arrancada.

> *Aqui se ouve o súbito soar de instrumentos, e a rosa cai da roseira.*

A flor cai, a roseira desce. Ó dama,
Dispensais-me. Serei, pois, arrancada;
Penso assim, mas vossa vontade ignoro.
Revelai vosso intento! Que ela seja
Atendida; os sinais foram propícios.

> *Fazem reverência e saem.*

[190]Na segunda cena do segundo ato, a rosa foi definida como "emblema perfeito de uma virgem".

5.2

Cena 2[191]

> *Entram o Médico, o Carcereiro e o Pretendente, este último vestido como Palamon.*

MÉDICO

O conselho que vos dei fez bem a ela?

PRETENDENTE

Ah... muito bem. As damas que a acompanham
Quase a convencem que sou Palamon;
Veio sorrindo, há meia hora, me ver,
E perguntou-me o que eu queria comer,
E quando a beijaria. Eu disse: "Agora",
E beijei-a duas vezes.

MÉDICO

Muito bem; vinte vezes é melhor,
Que disso depende a cura.

PRETENDENTE

                         Então,
Disse que passaria a noite comigo,
Pois diz que sabe a que horas vou ter febre.

MÉDICO

Deixai-a fazer isso, e quando a febre
Chegar, passai logo a febre p'ra ela.

PRETENDENTE

Queria que eu cantasse.

MÉDICO

Fizestes isso?

---

[191]Local: Atenas, a prisão.

167

5.2

PRETENDENTE
  Não.

MÉDICO
     Fizestes mal.
  Devíeis em tudo atendê-la.

PRETENDENTE
      Ai de mim!
  Não tenho voz, senhor, p'ra convencê-la.

MÉDICO
  Não importa; bastava fazer um ruído.
  Se ela insistir, fazei alguma coisa.
  Dormi co' ela, se ela pedir.

CARCEREIRO
       Doutor!

MÉDICO
  Sim, vale a cura.

CARCEREIRO
     Antes, com licença,
  Vale a honra.

MÉDICO
     Não passa de um detalhe.
  Não percais por questão de honra a filha.
  Curai-a antes assim; se for honrada,
  Terá o caminho aberto.

CARCEREIRO
     Agradeço-vos.

MÉDICO
  Trazei-a aqui; veremos como está.

CARCEREIRO

Irei; direi que a espera Palamon.

Ainda penso que o doutor age mal.

Sai o Carcereiro.

DOUTOR

Vós, os pais, sois uns tolos. Sua honra?

Mantê-la medicada até achar-lhe a honra?

PRETENDENTE

Pois! Pensas que não é honrada, senhor?

MÉDICO

Que idade tem?

PRETENDENTE

Dezoito.

MÉDICO

Talvez seja.

Não importa; p'ra nós não vem ao caso.

Diga o que o pai disser, se a perceberes

Inclinada ao caminho que eu falei,

Isto é, ao caminho da carne — entendes?

PRETENDENTE

Muito bem, senhor.

MÉDICO

Sacia-lhe o apetite,

E muito bem; pois isso vai curar,

Ipso facto,[192] a melancolia que a aflige.[193]

---

[192]Latim: "pelo próprio fato".
[193]Ver nota 179.

5.2

PRETENDENTE
   Eu concordo, doutor.

MÉDICO
                              Verás que é isso.
              Entram o Carcereiro, a Filha e uma Moça.
   Lá vem ela; atende aos seus desejos.

       [*O Pretendente e o Médico ficam de lado*].

CARCEREIRO[*Dirigindo-se à Filha*].
   Vem, teu amor, Palamon, te espera, filha,
   Há muito tempo, e quer te visitar.

FILHA
   Agradeço-lhe a amável paciência.
   É gentil cavalheiro; sou-lhe grata,
   Não viste o cavalo que me deu?

CARCEREIRO
   Sim.

FILHA
   O que achaste?

CARCEREIRO
                       É mesmo muito lindo.

FILHA
   Nunca o viste dançar?

CARCEREIRO
                          Não.

FILHA
                       Eu já vi.

Dança lindamente, com muita graça,
E na giga,[194] seja o rival que for,
Como um pião ele gira.

CARCEREIRO

Que beleza!

FILHA

Dança a mourisca a vinte milhas à hora,
O que acaba co' melhor dos cavalos
Da paróquia, ou então nada sei disso;
E ao ritmo de "Luz do Amor" galopa.
O que achais do cavalo?

CARCEREIRO

Tais virtudes,
Creio, podem servir p'ra jogar tênis.

FILHA

Ah... isso não é nada.

CARCEREIRO

Escreve e lê?

FILHA

Bela letra, e calcula o próprio gasto
De forragem e feno. O comerciante
P'ra enganá-lo precisa acordar cedo.
Conheceis a égua castanha do duque?

CARCEREIRO

Muito bem.

FILHA

Morre de amor por ele, a coitada;

---

[194]Dança inglesa do século XVI, em compasso binário acelerado.

5.2

Mas ele é qual o dono, altivo e tímido.

CARCEREIRO

Qual é o dote dela?

FILHA

Uns duzentos
Fardos de feno, e vinte arcas de aveia;
Mas ele não a quer. Quando relincha,
Ceceia, p'ra atrair a égua do oleiro.
Vai acabar com ela!

MÉDICO [*À parte*].

Que coisas diz!

[*Pretendente e Médico adiantam-se*].

CARCEREIRO

Faz mesura; eis teu amado.

PRETENDENTE

Bela alma,
Como vais?
[*Filha do Carcereiro faz mesura*].
Linda jovem; boa mesura!

FILHA

Às tuas ordens, desde com recato.
A que distância fica o fim do mundo?

MÉDICO

Ora! A um dia de viagem.

FILHA [*Dirigindo-se ao Pretendente*].

Vens comigo?

PRETENDENTE
    Que faremos lá?

FILHA
                    Ora! Jogar bola.
    Que mais há p'ra fazer?

PRETENDENTE
                    Eu gostaria
    Que nos casássemos lá.

FILHA
                    É verdade,
    Pois lá, eu te garanto, encontraremos
    Algum padre cegueta que nos case,
    Pois os daqui são certinhos e tolos.
    E meu pai amanhã será enforcado,
    E isso estragaria a nossa festa.
    Não és Palamon?

PRETENDENTE
                    Não me reconheces?

FILHA
    Sim, mas tu não me queres; eu só tenho
    Esta saia velha e dois trajes rotos.

PRETENDENTE
    Não importa; eu te quero.

FILHA
                    É verdade?

PRETENDENTE[*Pegando em sua mão*].
    Sim, por esta mão linda, eu prometo.

5.2

FILHA

Pois, vamos p'ra cama.

PRETENDENTE

Quando quiseres.
[*Ele a beija*].

FILHA [*Limpando os lábios*].
Ah, senhor, gostas de um aperitivo.

PRETENDENTE

Por que limpas meu beijo?

FILHA

É bem doce,
E vai me perfumar p'ra o casamento.
Não é teu primo Arcite?
[*Indicando o Médico*].

MÉDICO

Sim, querida,
E estou feliz que o primo Palamon
Uma escolha tão bela tenha feito.

FILHA

Achas que ele me quer?

MÉDICO

Acho, sem dúvida.

FILHA [*Dirigindo-se ao Carcereiro*].
Também pensas assim?

CARCEREIRO

Penso, sim.

FILHA

Teremos muitos filhos.

[*Dirigindo-se ao Médico*].

Meu senhor!

Como cresceste![195] Vai crescer também
Meu Palamon, espero, livre agora.
Pobre criança, foi mantido à base
De comida ruim e pior morada.
Mas meus beijos vão fazê-lo crescer.[196]

Entra um Mensageiro.

MENSAGEIRO

O que fazeis aqui? Ides perder
A atração mais nobre que já se viu.

CARCEREIRO

Já estão em campo?

MENSAGEIRO

Sim, e tu tens lá
Certos encargos.

CARCEREIRO

Vou de imediato.
Devo deixar-vos.

MÉDICO

Não, iremos juntos.
Não perco essa atração.

CARCEREIRO [*À parte, dirigindo-se ao Médico*].

O que achastes?

---

[195]Vale lembrar que, na primeira cena do segundo ato, a Filha do Carcereiro se refere a Arcite como "o mais baixo dos dois". Evidentemente, existe aqui um duplo sentido de conotação sexual.

[196]Assim como no original, na tradução fica patente o sentido duplo das palavras da Filha do Carcereiro.

5.2

MÉDICO

Garanto que, em três ou quatro dias,
Vou deixá-la sã.
[*Saem o Carcereiro e o Mensageiro*].
[*Dirigindo-se ao Pretendente*].
Não te afastes dela;
Segue cuidando dela.

PRETENDENTE

Assim farei.

MÉDICO

Leva-a p'ra dentro.

PRETENDENTE

Vem, amor, à ceia,
E então às cartas.

FILHA

E aos beijos também?

PRETENDENTE

Cem vezes.

FILHA

E mais vinte.

PRETENDENTE

Sim, mais vinte.

FILHA

E então vamos dormir juntos.

MÉDICO[*Dirigindo-se ao Pretendente*].
Aceita.

176

PRETENDENTE

Sim, decerto.

FILHA

Mas não vais me magoar.

PRETENDENTE

Não, amor.

FILHA

Se me magoares, eu choro.

Saem.

Cena 3[197]

Clarinada. Entram Teseu, Hipólita, Emília, Pírito e alguns Criados.

EMÍLIA

Nem mais um passo.

PÍRITO

Perdeis a atração?

EMÍLIA

Antes ver um pardal atacar moscas
A ver este combate; cada golpe
Brandido ameaça u'a vida audaz;
Cada ataque lamenta-se ao ferir,
E mais soa qual sino do que lâmina.[198]
Ficarei aqui. Basta que os ouvidos
Sejam co' as ocorrências castigados,
As quais não poderei deixar de ouvir;
Mas com visões medonhas e evitáveis
Não pretendo meus olhos macular.

[197]Local: Bosque, próximo ao local do combate.
[198]O sino anunciava a passagem de cortejos fúnebres.

5.3

PÍRITO [*Dirigindo-se a Teseu*].
    Senhor, vossa irmã não passa daqui.

TESEU
    Ah... passa, sim. Verá feitos honrosos,
    Ao vivo, que pintados ficam bem.
    Agora a realidade cria e encena
    A história, e o crédito é selado
    Por olho e ouvido. Deveis ir;
    Sois a recompensa do vencedor,
    Prêmio e coroa do título.

EMÍLIA
                    Perdoai-me.
    Se eu for, fecho meus olhos.

TESEU
                   Deveis ir;
    É como se o embate fosse à noite,
    E fostes a única estrela a brilhar.

EMÍLIA
    Fui extinta; é invejosa a luz
    Que mostrar um ao outro. A escuridão,
    Sempre a mãe do horror, amaldiçoada
    Por milhões de mortais, agora pode,
    Lançando sobre os dois seu manto negro,
    P'ra que um não veja o outro, conquistar
    Melhor reputação, expiando crimes
    Dos quais é culpada.

HIPÓLITA
                 Precisais ir.

EMÍLIA
    Juro que não vou.

TESEU

                Ora! Os cavaleiros
Precisam ver brilhar sua coragem
Ante os vossos olhos. Bem sabeis
Que sois vós o tesouro desta luta,
E presente estareis no pagamento.

EMÍLIA

Perdoai-me, senhor. O direito a um reino
Fora das bordas pode disputar-se.

TESEU

Pois, bem, como quiserdes. Quem ficar
Convosco talvez queira delegar
O cargo a um inimigo.

HIPÓLITA

                Adeus, irmã.
Parece que um pouco antes de ti
Verei o teu esposo. O que os deuses
Julgarem o melhor, que seja o teu.

      Saem Teseu, Hipólita, Pírito [*e outros*].
      [*Emilia permanece, comparando, mais uma vez, os retratos de Arcite e*
      Palamon].

EMÍLIA

Arcite tem um semblante gentil,
Mas seus olhos parecem arco armado,
Ou lâmina afiada em bainha leve;
Clemência e coragem são parceiras
Nesse rosto. Palamon tem aspecto
Ameaçador; sua fronte se contrai,
E parece enterrar a quem encara;
Mas, nem sempre é assim, pois se altera
Segundo os pensamentos. Muito tempo

5.3

Ele fita o objeto. Melancolia
Confere-lhe nobreza; o mesmo ocorre
Co' a alegria de Arcite; já a tristeza
De Palamon é um tipo de alegria,
Tão mescladas que é como se o júbilo
Triste o fizesse, e a tristeza, feliz.
Tais humores sombrios, que nos outros
Caem mal, neles residem muito bem.
    Ouvem-se clarins. Trombetas soam o toque de luta.
Escutai como incitam as esporas
Os príncipes à prova! Pode Arcite
Conquistar-me, mas pode Palamon
Feri-lo e mutilá-lo. Ah... que lástima
Não seria tal desastre? Eu, lá estando,
Mal poderia fazer, pois olhariam
P'ra mim e, com tal gesto, falhariam
Na defesa, ou no ataque hesitariam,
Exigidos naquele mesmo instante.
    Ouvem-se clarins. Algazarra e gritos de "Palamon!".
É melhor que eu não esteja lá.
Antes não ter nascido, a ser a causa[199]
De tantos males!
    Entra um Criado.
        Quem teve mais sorte?

CRIADO

Gritam por Palamon.

EMÍLIA

Então, ele venceu. Era provável.
Parecia repleto de graça e êxito,
E, sem dúvida, é o melhor dos homens.
Peço-te, corre a ver como está a coisa.

    Ouvem-se algazarra e clarins. Gritos de "Palamon!".

---

[199]O original registra o verbo *"minister"*. Sigo abonação de Turner e Tatspaugh (2012, p. 200).

CRIADO

Ainda Palamon.

EMÍLIA

Corre e pergunta.

Sai o Criado.

[*Dirigindo-se ao retrato de Arcite*].

Pobre servo,[200] perdeste. Teu retrato
Trouxe sempre à direita, e à esquerda
O de Palamon — por que, eu não sei.
Não o fiz por intento; foi o acaso.
Na esquerda está o coração; Palamon
Tinha o melhor presságio.

Outro grito, mais algazarra e clarins.

Este clamor
É, com certeza, o final do combate.

Entra o Criado.

CRIADO

Disseram que Palamon levou Arcite
A uma polegada do obelisco,
Daí a gritaria por Palamon.
Mas, logo, seus parceiros o acudiram,
E agora os dois rivais estão lutando
Corpo a corpo.

EMÍLIA

Pudessem esses dois
Em um se transformar — Ora! Mulher
Alguma tal homem mereceria!
A parte de cada um, sua nobreza
Individual, expõe a discrepância,
A mediocridade, de qualquer dama.

Clarins. Ouvem-se gritos de "Arcite, Arcite!".

---

[200]Na quinta cena do segundo ato, Arcite declara-se servo da sua dama, Emília, típico do código do amor cortês.

5.3

Mais clamor? Ainda por Palamon?

CRIADO

Não, agora a algazarra é por Arcite.

EMÍLIA

Peço-te que ao clamor atentes bem;
Apura os dois ouvidos.

Clarins. Grande algazarra e gritos de "Arcite! Vitória!".

CRIADO

O grito é "Arcite!" e "Vitória!". Escutai,
"Arcite! Vitória!". O final da luta
Os clarins anunciam.

EMÍLIA

                  Até um míope
Veria que Arcite não é criança.
Pelos olhos dos deuses! A riqueza
E o valor da sua alma transparecem,
Não podendo nele mais se esconderem
Do que o fogo no linho, ou do que riachos
Resistirem às águas impelidas
Por vendavais. Achei que Palamon
Fosse perder, mas não sabia por quê.
A nossa razão nem sempre é profeta,
Mas, muitas vezes, o é a intuição.
Ei-los chegando. Pobre Palamon!

Clarins. Entram Teseu, Hipólita, Pírito, Arcite vitorioso, Criados [e outros].

TESEU

Vede nossa irmã, cheia de ansiedade,
Sempre tremendo e inquieta. Bela Emília,

Os deuses, por divina decisão,
Vos concederam este cavaleiro;
É um dos melhores que já lutaram.
Dai-me as mãos. Recebei-a; e vós a ele.
Jurai um amor que cresça à medida
Que ambos envelhecerdes.

ARCITE

                          Cara Emília,
P'ra vos ganhar perdi o que mais caro
Eu tinha, salvo o que ganhei; no entanto,
Paguei pouco, pois sei quanto valeis.

TESEU

Ó amada irmã, ele fala agora
Como o mais corajoso cavaleiro
Que de esporas já deu num bom corcel.
Decerto, os deuses querem que solteiro
Ele morra, pois temem que sua prole
Se torne aqui demasiado divina.
Tanto me encantou a conduta dele,
Que Alcides,[201] comparado, é como chumbo.
Inda eu louvar pudesse cada parte
De Alcides como do todo falei,
Vosso Arcite com isso não perdia,
Pois o que era tão bom encontrou outro
Melhor que ele. Certa vez ouvi
Dois rouxinóis rivais surrando o ouvido
Da noite com seu canto concorrente,
Ora este mais alto, ora o outro,
E de novo o primeiro, sendo logo
Superado, de modo que os sentidos
Já não podiam julgá-los. Assim foi
Durante um longo tempo entre estes primos,
Até que o céu, por pouco, um fez vencer.

---

[201]Nome como Hércules era conhecido antes de se tornar herói.

5.3

Usai co' alegria a coroa que ganhastes.
Aos vencidos, justiça então faremos
Sem demora, pois sei que a vida pesa.[202]
Que seja feito aqui. Não é p'ra nós
O espetáculo. Vamo-nos daqui,
Com júbilo e tristeza. Ao vosso prêmio
Dai o braço; sei que não a perdereis.
Hipólita, vejo que um dos teus olhos
Gera u'a lágrima, que vem logo à luz.

EMÍLIA

Isto é vitória? Ó forças celestes,
Cadê vossa clemência? Se quiserdes
Que assim seja, que eu viva a consolar
Este príncipe triste e sem amigo,
Que ceifa uma vida que lhe é mais cara
Que todas as mulheres, eu, então,
Devo e quero morrer.

HIPÓLITA

                     Pena infinita,
Que quatro olhos tenham de fitar
Alguém pela qual dois vão se fechar.

TESEU

Assim será.

    Clarinada. Saem.

---

[202]Ou seja, os perdedores serão sumariamente executados.

5.4

Cena 4[203]

> *Entram um Guarda, com Palamon e seus Cavaleiros, amarrados, o*
> *Carcereiro, um Carrasco [e outros, trazendo um cepo e um machado].*

PALAMON

Muitos são os homens que sobrevivem
Ao amor do povo; e o mesmo se aplica
A muito pai e filho. É um consolo
Pensarmos nisso. Morremos, mas não
Sem o pesar dos homens, que ainda
Nos querem vivos; vamos evitar
A sórdida miséria da velhice,
Ludibriar a gota e o catarro
Que nas horas finais vêm aguardar
Quem está por morrer; vamos aos deuses
Inda jovens e fortes, sem mancarmos
Sob o peso de ofensas muito antigas.
É certo que isso agradará aos deuses,
Que seu néctar hão de nos ofertar,
Pois temos almas puras. Meus amigos,
Que as vidas arriscastes por tão pouco,
Vendeste-as mui barato.

PRIMEIRO CAVALEIRO

                         Que outro fim
Seria mais feliz? Os vencedores
Têm consigo a Fortuna, cuja posse
É tão efêmera quanto, p'ra nós,
A morte é certa. Sequer um grão de honra
Têm eles mais que nós.

SEGUNDO CAVALEIRO

                         Adeus, digamos;
E enfureçamos com a nossa fleuma

[203]Local: Bosque, próximo ao local do combate.

5.4

A Fortuna hesitante, que oscila
Quando mais firme está.

TERCEIRO CAVALEIRO

      Vem, quem começa?

PALAMON

Aquele que vos trouxe a este banquete
Vai por todos prová-lo.
    [*Dirigindo-se ao Carcereiro*].
        Ora, amigo!
Libertou-me uma vez tua filha amável;
Verás agora que é p'ra todo o sempre.
Como vai ela? Ouvi que não ia bem;
O tipo de doença deu-me pena.

CARCEREIRO

Senhor, ela curou-se, e em breve casa-se.

PALAMON

Por minha breve vida! Estou feliz.
Será a minha última alegria;
Peço-te que lhe diga. Envio aqui
Os meus melhores votos, e p'ra o dote
Dá-lhe isto.
    [*Entrega sua bolsa ao Carcereiro*].

PRIMEIRO CAVALEIRO

    Pois! Ofereçamos todos.

SEGUNDO CAVALEIRO

Ela é virgem?

PALAMON

    Sim, creio que seja.
Boa criatura, que muito mais merece

Do que poderei pagar-lhe ou dizer-lhe.

TODOS OS CAVALEIROS
Dá-lhe os nossos bons votos.

Entregam suas bolsas.

CARCEREIRO
Os deuses vos paguem e a tornem grata!

PALAMON
Adeus, que agora seja a minha vida
Tão breve quanto a minha despedida.

Põe a cabeça no cepo.

PRIMEIRO CAVALEIRO
Vai primeiro, amigo corajoso.

SEGUNDO E TERCEIRO CAVALEIROS
Seguimos de bom grado.

Ouve-se uma algazarra, gritos de "Correi! Salvai! Alto!". Entra um Mensageiro, às pressas.

MENSAGEIRO
Alto, alto! Ei, alto, alto, alto!

Entra Pírito, às pressas.

PÍRITO
Alto! Ei! Seja maldita a tua pressa,
Se já o fizeste. Nobre Palamon,
Os deuses sua glória exibirão
Na vida em que ainda vais viver.

5.4

PALAMON

Isso é possível, se eu já acreditava
Que Vênus fosse falsa? O que houve?

PÍRITO

Grande senhor, erguei-vos e escutai
A notícia, tão doce quanto amarga.

PALAMON[*Levantando-se*].
O que me acorda do sonho?

PÍRITO

Ouvi:
Vosso primo, montado no corcel
Presente de Emília — um todo negro,
Sem um só pelo branco, o que alguns dizem
Diminui-lhe o valor, e não o compram
Por isso, superstição que agora
Se confirma —, trotava, então, Arcite
P'las pedras de Atenas — que as ferraduras
Pareciam contar, ao invés de pisar,
Pois passadas de uma milha daria
Tal corcel, se o cavaleiro o instigasse.
Lá ia ele, contando, então, as pedras,
Como se ao som dos cascos dançasse —
Pois dizem que do ferro veio a música —[204]
Quando u'a pedra invejosa, tão gelada
Quanto Saturno, e, como ele, dotada
De fogo maldoso, soltou u'a chispa,
Ou qualquer outro enxofre produziu,
Não sei explicar; o fogoso cavalo,
Ardente como fogo, assustou-se
E se entregou ao desvario que toda
A sua força é capaz de lhe ceder;

---

[204]Potter (1996, p. 323), Waith (1989, p. 210) e Turner e Tatspaugh (2012, p. 207) assinalam a alusão bíblica, Gênesis: 4:21-22.

5.4

Pula, arremete, esquece o adestramento,
Visto que era treinado e muito dócil.
Bufa da espora afiada, que o irrita
E à qual não obedece; busca todos
Os meios mais infames e grosseiros
P'ra desmontar o dono, que valente
Se agarrava. Quando nada adiantava,
Arreio não partia ou cilha rompia,
Nem pinotes diversos conseguiam
Lançar o cavaleiro, que o mantinha
Firme entre as pernas, nas patas traseiras
Empinou-se, e as pernas de Arcite,
Mais altas que a cabeça, pareciam
Flutuar estranhamente. A coroa
Da vitória caiu-lhe da cabeça,
E logo o pangaré tombou p'ra trás,
E todo o seu peso se torna a carga
Do cavaleiro. Ele ainda vive,
Mas qual embarcação que só flutua
Até a chegada da próxima onda.
Quer muito vos falar. Ei-lo que surge.

Entram Teseu, Hipólita, Emília [e], Arcite [carregado] em uma cadeira.

PALAMON

Ah... triste fim do nosso parentesco!
Os deuses são poderosos, Arcite.
Se o teu coração, esse coração
Nobre, viril, ainda não parou,
Concede-me tuas últimas palavras.
Sou Palamon, aquele que ainda
Te ama quando morres.

ARCITE

              Fica co' Emília,
E, com ela, toda a alegria do mundo.

5.4

Tua mão; adeus. Eis mi'a última hora.
Errei, mas não traí. Perdoa-me, primo.
Um beijo da bela Emília.
      [*Ela o beija*].
                              Acabou-se.
Fica co' ela. Eu morro.

      [*Morre*].

PALAMON

Que a tua alma valente busque o Elísio![205]

EMÍLIA

Caro príncipe, fecho estes teus olhos.
Contigo estejam almas abençoadas.
Homem justo e bom, enquanto eu viver,
Este dia dou às lágrimas.

PALAMON

                        E eu à honra.

TESEU

Aqui mesmo lutastes, e aqui mesmo
Vos apartei. Aos deuses, pois, dai graças
Por estardes vivo. O papel de Arcite
Acabou, e, inda curto, ele o fez bem.
Vosso tempo aumentou, e o santo orvalho
Do céu vos borrifou. A forte Vênus
Traz graça a seu altar, e vos concede
A vossa amada. Marte, nosso mestre,
Confirmou seu oráculo, e a Arcite
Dá a graça da vitória. Assim, os deuses
Mostraram plena justiça. Levai-o.

[205]Na mitologia grega, os Campos Elísios correspondem ao paraíso.

PALAMON

Ah... primo, por que coisas desejamos
Que nos custam a perda do desejo?
Por que não se pode um amor ganhar
Sem um amor perder?

[*O corpo de Arcite é levado*].

TESEU

A Fortuna com tanta sutileza
Nunca jogou. O vencido triunfa,
E perde o vencedor; mas, no combate
Os deuses foram justos. Palamon,
Confessou vosso primo que o direito
À dama é vosso, pois primeiro a vistes,
E o amor proclamastes. Ele a entrega,
Qual u'a joia furtada, e ao vosso espírito
Pede que perdoado o envie daqui.
Os deuses retiraram da mi'a mão
A minha justiça, e os executores
Se tornaram. Levai a vossa dama,
E do cepo chamai vossos amigos,
Que adoto como meus. Um ou dois dias
Demonstremos tristeza, e o funeral
De Arcite honremos, depois do qual
Os semblantes de noivos adotemos,
Para com Palamon podermos rir —
Por quem há uma hora, só uma hora,
Eu estava tão triste quanto alegre
Por Arcite, e por quem estou agora
Tão alegre quanto pelo outro triste.
Ó magos celestiais! Que nos fazeis?
Aquilo que nos falta nos faz rir,
Aquilo que temos nos faz chorar;
Somos crianças. Pois, sejamos gratos
Às coisas como elas são, e convosco

5.4

Deixemos aquilo que fica acima
Do nosso entendimento. Daqui vamo-nos;
Comportemo-nos segundo o momento.

> *Clarinada. Saem.*
> [*Entra o Epílogo*].

EPÍLOGO

Eu perguntaria se agradou a peça,
Mas, qual colegial, mi'a língua tropeça.
Estou apavorado! Ficai aí,
Quero vos ver. Como, ninguém sorri?
Vejo que a coisa vai mal. Quem já amou
Bela jovem e a cara não mostrou?
É estranho não haver aqui ninguém —
Disposto a participar também.
Mesmo a contragosto, vai, assobia,
Acaba co' a nossa bilheteria!
Vejo que é em vão deter-vos, convenhamos.
Que dizeis? Dai-nos, então, o pior, vamos!
Não me leveis a mal: não sou folgado.
Não é o intento. Se o conto contado[206] —
Que outra coisa não é — vos contentou —
Co' outro intento ele não nos ocupou —
O fim alcançamos; e tereis logo,
Eu vos prometo e por isso vos rogo,
Uma outra e bem melhor ocasião
De prolongar a vossa devoção.
Digo-vos, antes que a trupe se afoite,
Às vossas ordens, senhores, boa noite.
> *Clarinada.* [*Sai*].

---

[206]O Epílogo volta ao Prólogo, isto é, à referência ao "Conto do Cavaleiro", de autoria de Geoffrey Chaucer, fonte principal da peça.

REFERÊNCIAS

AALTONEN, Sirkku. Time-Sharing on Stage: drama translation in theatre and society. *Topics in Translation*, Clevedon: Multilingual Matters, Ltd., n. 17, 2000.

ABBOTT, A. E. *Shakespearian Grammar*. Revised Edition. London: Macmillan, 1872.

ALEXANDER, Peter. Shakespeare's Punctuation. *Annual Shakespeare Lecture of the British Academy*. London: Geoffrey Cumberlege, v. XXXI, 1945.

BASSNETT, Susan. Translating for the Theatre:the case against performability. *Traduction, Terminologie, Redaction*, Montreal: Concordia University. v. IV, n. 1, p. 99- 111, 1991. (Série).

_____. Ways through the Labyrinth: strategies and methods for translating theatre texts. *In*: HERMANS, Theo. (Ed.). *The Manipulation of Literature*. New York: St. Martin's P, 1985. p. 87-102.

BARTON, John. Translation in the Theatre II: translation as adaptation. *In*: CHEW, Shirley; STEAD, Alistair. (Ed.). *Translating Life*: studies in transpositional aesthetics. Liverpool: Liverpool University Press, 1999. p. 397-411.

BATE, Jonathan. *The Romantics on Shakespeare*. Harmondsworth: Penguin, 1992.

BAWCUTT, N. W. (Ed.). *The Two Noble Kinsmen by William Shakespeare and John Fletcher*. The Harmondsworth: Penguin, 1977. (Série New Penguin Shakespeare).

BEAUMONT, Francis; FLETCHER John. *Les Deux Nobles Cousins*. Tradução de Ernest Lafond. Paris: J. Hetzel, Libraire-Éditeur, 1865. p. 6-144.

BENNETT, Susan. *Theatre Audiences:* a theory of production and reception. 2. ed. London; New York: Routledge, 1997.

BERTRAM, Paul. *Shakespeare and The Two Noble Kinsmen*. New Brunswick; NJ: Rutgers UP, 1965.

BLAKE, N. F. *The Language of Shakespeare*. London: Macmillan, 1989.

BLOOM, Harold. Os Dois Nobres Parentes. *In*: BLOOM, Harold. (Ed.). *Shakespeare*: a invenção do humano. Tradução de José Roberto O'Shea. Rio de Janeiro: Editora Objetiva, 1998. p. 838-860.

BOSWELL, Laurence. The Director as Translator. *In*: _____.*Stages of Translation*. p. 145-152.

BOYCE, Charles. *Shakespeare A to Z*: the essential reference to his plays, his poems, his life and times, and more. New York; Oxford: Roundtable Press, Inc., 1990.

BRITTO, Paulo Henriques. Padrão e desvio no pentâmetro jâmbico inglês: um problema para a tradução. *In*: GUERINI, Andréia; TORRES Marie-Hélène C.; COSTA, Walter Carlos. (Org.). *Literatura Traduzida e Literatura Nacional*. Rio de Janeiro: 7 Letras, 2008. p. 133-42.

BROOK, G. L. *The Language of Shakespeare*. London: André Deutsch Ltd., 1976.

BYRNE, M. St. Clare. The Foundations of Elizabethan Language. *Shakespeare Survey*, New York: Cambridge University Press, n. 17, p. 223-39, 1964.

CAMPBELL, Oscar James; QUINN, Edward. G. (Ed.) *A Shakespeare Encyclopaedia*. London: Methuen & Co., Ltd., 1966.

CLIFFORD, John. Translating the Spirit of the Play.*In*: JONHSON, David (Ed.). *Stages of Translation*. 1996. p. 263-270.

CRYSTAL, David; CRYSTAL, Ben. *Shakespeare's Words*: a glossary and language companion. London; New York: Penguin Books, 2002.

CUNHA, Antônio Geraldo da. *Dicionário Etimológico Nova Fronteira da Língua Portuguesa*. Rio de Janeiro: Nova Fronteira, 1982.

DAVIS, J. Madison; A. FRANKFORTER, Daniel. *The Shakespeare Name Dictionary*. New York; London: Garland Publishing, 1995.

DELABASTITA, Dirk. I Will Something Affect the Letter: Shakespeare's Letter-Puns and the Translator. *In*: BUSH, Peter; MALMKJAER, Kirsten. (Ed.). *Rimbaud's Rainbow*: literary translation in higher education. Amsterdam: John Benjamins, 1998. p. 145-156.

_____. Shakespeare Translation. *In*: BAKER, Mona; MALMKJAER, Kirsten. *Routledge Encyclopedia of Translation Studies*. (Ed.). London; New York: 1998. p. 222-226.

_____. Shakespeare in Translation: a bird's eye view of problems and perspectives. *Accents Now Known*: Shakespeare's drama in translation. *Ilha do Desterro*, Florianópolis: UFSC, v. 36, n. 1, p. 15-27, 1999.

_____. (Ed.). *Traductio*: essays on punning and translation. Manchester: St. Jerome, 1997.

_____. (Ed.). *Wordplay and Translation*. Manchester: St. Jerome, 1996.

DELABASTITA, Dirk; D'HULST, Lieven. (Ed.) *European Shakespeares*: translating Shakespeare in the romantic age. Amsterdam; Philadelphia: John Benjamins Publishing Co., 1993.

DENT, R. W. *Shakespeare's Proverbial Language*: an index. Berkeley: U of California P, 1981.

DÉPRATS, Jean-Michel. The 'Shakespearean Gap' in French. *Shakespeare Survey*, New York: Cambridge University Press. n. 50, p. 125-33, 1997.

DOBSON, Michael. The Two Noble Kinsmen. *In*: DOBSON, Michael; WELLS, Stanley. (Ed.) *The Oxford Companion to Shakespeare*. Oxford: Oxford University Press, 2001. p. 500-503.

DOMINIK, Mark. *Shakespeare-Middleton Collaborations*. Beaverton, OR.: Alioth Press, 1988.

DONALDSON, E. Talbot. Love, War, and the Cost of Winning: The Knight's Tale and The Two Noble Kinsmen. *In*:_____. *The Swan at the Well: Shakespeare Reading Chaucer*. New Haven: Yale UP, 1985, p. 50-73.

DOURADO, Henrique Autran. *Dicionário de Termos e Expressões de Música*. São Paulo: Editora 34, 2004.

ERDMAN, D. V.; VOGEL,E. G. (Ed.). *Evidence for Authorship*. Ithaca, NY: 1966.

ERNE, Lukas. *Shakespeare as Literary Dramatist*. Cambridge: Cambridge UP, 2003.

EVANS, G. Blakemore. (Ed.). *The Two Noble Kinsmen by William Shakespeare and John Fletcher*. 2 ed. Boston: Houghton, 1997. p. 1689-1731. The Riverside Shakespeare.

FISCHER-LICHTE, Erika. *Semiotik des Theaters*. Tübingen: Gunter Narr Verlag, 1983.

FLETCHER, John ; SHAKESPEARE, William. I due nobili congiunti. Tradução de Giorgio e Miranda Melchiori. *Teatro Completo di William Shakespeare*, Milano: Arnoldo Mondadori Editore, n. 9, v. 6, p. 968-1233, 1981.

FORTIER, Mark. *Theatre/Theory*: an introduction. London; New York: Routledge, 1997.

FOX, Levi. *The Shakespeare Handbook*. London: The Bodley Head Ltd., 1988.

FREY, Charles H. (Ed.) *Shakespeare, Fletcher and The Two Noble Kinsmen*. Columbia: U of Missouri P, 1989.

_____. Collaborating with Shakespeare: after the final play. *In*: FREY, Charles. (Ed.) *Shakespeare, Fletcher and The Two Noble Kinsmen*. Columbia: U of Missouri P, 1989. p. 31-44.

FUKAHORI, Etsuko. The Two Noble Kinsmen. *In*: PARSONS, Keith; MASON, Pamela. (Ed.). *Shakespeare in Performance*. London: Salamander, 2000. p. 238-242.

GOOCH, Steeve. Fatal Attraction. *In*: _____. *Stages of Translation*. London: Oberon Books, 2015. p. 13-21.

GURR, Andrew. Why Was the Globe Round? *In*: MAGNUS, Laury; CANNON, Walter W. (Ed.). *Who Hears in Shakespeare?auditory worlds on stage and screen*. Madison; NJ: Fairleigh Dickinson UP, 2012. p. 3-16.

HALIO, Jay. *Understanding Shakespeare's Plays in Performance*. Manchester: Manchester UP, 1988.

HALL, Sir Peter. Translation in the Theatre I: directing as translating. *In*: CHEW, Shirley; STEAD, Alistair. (Ed.). *Translating Life:* studies in transpositional aesthetics. Liverpool: Liverpool University Press, 1999. p. 387-396.

HEINEMANN, Margot. How Brecht Read Shakespeare.*In*: DOLLIMORE, J.; SINFIELD, A. (Ed.). *Political Shakespeare*: new essays in cultural materialism. Manchester: Manchester UP, 1985. p. 202-230.

HEYLEN, Romy. *Translation, Poetics and the Stage:* six french Hamlets. London: Routledge, 1993.

HILSKÝ, Martin. Telling What Is Told: original, translation and the third text. *Prague Studies in English,*[S.l: s.n.], n. XXIII, p. 29-36, 2002.

HOLLAND, Peter. *English Shakespeares*: Shakespeare on the english stage in the 1990s. Cambridge: Cambridge UP, 1997.

HONIGMANN, E. A. J. *Shakespeare's Impact on His Contemporaries*. New Jersey: Barnes & Noble Books, 1982.

HOPE, Jonathan. *Authorship of Shakespeare's Plays*: a socio-linguistic study. Cambridge: Cambridge UP, 1994.

JOHNSTON, David. *Translating the Theatre of the Spanish Golden Age*. London: Oberon Books, 2015.

_____. (Ed.). *Stages of Translation*: essays and interviews on translating for the stage. Bath: Absolute Press, 1996.

KASTAN, David Scott. (Ed.). *A Companion to Shakespeare*. Oxford: Blackwell, 2000.

KENNEDY, Dennis. Shakespeare Without His Language. *In*: BULMAN, James C. (Ed.). *Shakespeare, Theory, and Performance*. London: Routledge, 1996. p. 133-48.

_____. (Ed.) *Foreign Shakespeare*: contemporary performance. Cambridge: Cambridge UP, 1993.

KERMODE, Frank. Henry VIII and The Two Noble Kinsmen. *In*: _____. *Shakespeare's Language*. London: Penguin, 2000. p. 301-312.

LAMB, Charles. *The Works of Charles and Mary Lamb*. v. 7 London: [s.n],1904.

MAHOOD, M. M. *Shakespeare's Wordplay*. London: Methuen, 1957.

MARTINS, Marcia do Amaral Peixoto. Conta-nos um Conto: Shakespeare em tradução no Brasil. *O Conto do Inverno*. Apresentação. Tradução e Notas de José Roberto O'Shea. São Paulo: Iluminuras, 2007. p. 21-28.

_____. *A Instrumentalidade do Modelo Descritivo para a Análise de Traduções:* o caso dos Hamlets brasileiros. 318 f. Tese (Doutorado em Comunicação e Semiótica) — PUC, São Paulo, 1999.

_____. (Ed.). *Visões e Identidades Brasileiras de Shakespeare*. Rio de Janeiro: Lucerna, 2004.

MCDONALD, Russ. *Shakespeare and the Arts of Language*. Oxford Shakespeare Topics. Oxford: Oxford UP, 2001.

MEHL, Dieter. The Two Noble Kinsmen: a modern perspective. *In*: MOWAT, BarbaraA.; WERSTINE, Paul. (Ed.). *The Two Noble Kinsmen*. New York: Simon & Schuster, 2010. p. 273-291. (Folger Shakespeare Library).

MONTGOMERY, William;TAYLOR, Gary. The Two Noble Kinsmen. *In*: WELLS Stanle *et al.* (Ed.). *William Shakespeare: a Textual Companion*. Oxford: Clarendon Press, 1987. p. 625-636.

MONTGOMERY, William . (Ed.). *The Two Noble Kinsmen by William Shakespeare and John Fletcher*. Oxford: Clarendon Press, 1998. p. 1225-1256. (Oxford Compact Edition).

MOWAT, Barbara A.; WERSTINE, Paul. (Ed.). *The Two Noble Kinsmen by William Shakespeare and John Fletcher*. New York: Simon & Schuster, 2010. (Folger Shakespeare Library).

MULHOLLAND, J. 'Thou' and 'You' in Shakespeare: a study in the second person pronoun. *English Studies*, [S.l: s.n.], 48,p. 34-43, 1967.

MUIR, Kenneth. *Shakespeare as Collaborator*. London: Methuen, 1960.

ONIONS, C. T. *A Shakespeare Glossary*. Enlarged and Revised by Robert D. Eagleson. Oxford: Clarendon Press, 1992.

O'SHEA, José Roberto. *Antony and Cleopatra em Tradução*. Antônio e Cleópatra. Tradução e Notas de José Roberto O'Shea. São Paulo: Mandarim, 1998. p. 21-33.

_____. Anthony and Cleopatra into Brazilian Portuguese: purposes and procedures. *In*:KAWACHI, Yoshiko; KUJAWINSKA-COURTNEY, Krystyna. (Ed.). *Multicultural Shakespeare. Translation, appropriation and performance*, Lodz: Lodz University Press, v. 1, p. 51-64, 2004.

_____. *Dessacralizando o 'Verbo' Shakespeariano*: tradução lingüística e cultural. O Conto do Inverno. Tradução e Notas de José Roberto O'Shea. São Paulo: Iluminuras, 2007. p. 29-36.

_____. Domesticar ou Estrangeirar: o teatro de Shakespeare em tradução. *In*: VI ABRALIC. Raul Antelo. (Ed.). 1998, Florianópolis, *Anais...*Florianópolis: UFSC, 1999. CD-ROM.

_____. Entrevista. *Cadernos de Tradução* IV. Florianópolis, EdUFSC, 1999.p. 391-400.

_____. From Printed Text to Performance Text: Brazilian Translations of Shakespearean drama. *In*: HOMEM, Rui Carvalho; HOENSELAARS,Ton. (Ed.). *Translating Shakespeare for the Twenty-First Century*. Amsterdam; New York: Rodopi, 2004. p. 145-159.

_____. Performance e Inserção Cultural: Antony and Cleopatra e Cymbeline, King of Britain em Português. CORSEUIL, Anelise R.; CAUGHIE, John. (Ed.). *Estudos Culturais*: palco, tela e página. Florianópolis: Insular, 2000. p. 43-60.

_____. As Primeiras Estrelas Shakespearianas nos Céus do Brasil: João Caetano e o Teatro Nacional. *In*: MARTINS, Marcia A. P. (Ed.). *Visões e Identidades Brasileiras de Shakespeare*. Rio de Janeiro: Editora Lucerna, 2004. p. 200-216.

_____. Shakespeare's Drama in Brazilian Portuguese: two case studies. *In*: MARCHETTI, Susanna. (Ed.). Shakespeare, His Work, His Time, and His Influence. First International Shakespeare Conference in Argentina., *Anais*... Buenos Aires: Instituto Superior del Profesorado. Secretaria de Educación. Gobierno de la Ciudad de Buenos Aires 2004, p. 229-238.

_____. With a 'co-adjutor': collaboration between William Shakespeare and John Fletcher in The Two Noble Kinsmen. *Revista Letras-UFPR*, Curitiba, v. 92, p. 49-65, 2015.

_____. (Ed.) Accents Now Known: Shakespeare's drama in translation. *Ilha do Desterro*, Florianópolis: UFSC. v. 36. n. 1. 1999.

O'SHEA, José Roberto; GUIMARÃES D. L.; BAUMGÄRTEL, S. A. (Ed.). Mixed with Other Matter: Shakespeare's drama appropriated. *Ilha do Desterro*, Florianópolis: UFSC. v. 49. n. 1, 2005.

PEREIRA, Lawrence Flores. Notas sobre o uso alexandrino na tradução do drama shakespeariano. *In*: GUERINI, Andréia; TORRES, Marie-Hélène C.; COSTA, Walter Carlos. (Org.). *Literatura Traduzida e Literatura Nacional*. Rio de Janeiro: 7 Letras, 2008. p. 145-58.

POTTER, Lois. (Ed.). *The Two Noble Kinsmen by William Shakespeare and John Fletcher*. London: Thomson Learning, 1996. (Arden Third Series).

PUJANTE, Ángel-Luis. Traducir al Teatro Isabelino, Especialmente Shakespeare.*Cuadernos de Teatro Clásico*. Madrid: Compañia Nacional de Teatro Clásico 4, p. 133-57, 1989.

RASMUSSEN, Eric. Collaboration. *The Oxford Companion to Shakespeare In*: DOBSON, Michael; WELLS, Stanley. (Ed.). Oxford: Oxford UP, 2001. p. 80-82.

RAMALHO, Ênio. Prefácio. *Os Dois Parentes Nobres*. William Shakespeare e John Fletcher. Tradução de Ênio Ramalho. Porto: Lello & Irmão Editores,[1974], p. 7-21.

RUBINSTEIN, Frankie. *A Dictionary of Shakespeare's Sexual Puns and Their Significance*. Second Edition. London: Macmillan Press Ltd., 1989.

KIERNAN, Ryan. (Ed.). *Shakespeare*: the last plays. London; New York: Longman, 1999. (Série Longman Critical Readers).

SANDERS, Julie. Mixed Messages: the aesthetics of The Two Noble Kinsmen. *In*: DUTTON, Richard; HOWARD, Jean. (Ed.). *A Companion to Shakespeare's Works*. Malden, Mass: Blackwell, v. 4, p. 445-461, 2004.

SCHMIDT, Alexander. *Shakespeare-Lexicon*. Third Edition. Revised and Enlarged by Gregor Sarrazin. 2 vols. Berlin: Georg Reime, 1902.

SCHOENBAUM, S. *William Shakespeare*: a compact documentary life. Revised Edition. New York; Oxford: Oxford University Press, 1987.

_____. *William Shakespeare:* a documentary life. Oxford: Clarendon Press, 1975.

SCOLNICOV, Hanna; HOLLAND, Peter. (Ed.) *The Play Out of Context*: transferring plays from culture to culture. Cambridge: Cambridge UP, 1989.

SHAKESPEARE, William. *Antônio e Cleópatra*. Tradução e Notas de José Roberto O'Shea. São Paulo: Mandarim, 1997.

_____. *Cimbeline, Rei da Britânia*. Tradução e Notas de José Roberto O'Shea. São Paulo: Iluminuras, 2002.

_____. *O Conto do Inverno*. Tradução e Notas de José Roberto O'Shea. São Paulo: Iluminuras, 2007.

_____. *Péricles, Príncipe de Tiro*. Tradução e Notas de José Roberto O'Shea. São Paulo: Iluminuras, 2012.

_____. *Hamlet: O Primeiro In-Quarto*. Tradução e Notas de José Roberto O'Shea. São Paulo: Hedra, 2013.

SHAKESPEARE, William;FLETCHER,John. *Os Dois Parentes Nobres*. Tradução de Ênio Ramalho. Porto: Lello & Irmão Editores, [1974].

SHEWMAKER, E. F. *Shakespeare's Language:* a glossary of unfamiliar words in his plays and poems. New York: Facts On File, Inc., 1996.

SIMPSON, P. *Shakespearean Punctuation*. Oxford: Clarendon, 1911.

SNELL-HORNBY, Mary. Theatre and Opera Translation. *In*: KUHIWCZAK, Piotr; LITTAU, Karin. (Ed.). A Companion to Translation Studies. Cevendon: Multilingual Matters Ltd., *Topics in Translation*, n. 34, p. 106-119, 2007.

SPAIN, Delbert. *Shakespeare Sounded Soundly*: the verse structure and the language. Santa Barbara: Capra Press, 1988.

SPALDING, William. *A Letter on Shakespeare's Authorship of The Two Noble Kinsmen* London: Trübner & Co., 1876.

SUGDEN, Edward H. *A Topographical Dictionary of the Works of Shakespeare and His Fellow Dramatists*. Manchester: Manchester University Press, 1925.

THOMPSON, Ann. *Shakespeare's Chaucer*: a study of literary origins. Liverpool: Liverpool UP, 1978.

THORNDIKE, A. H. *The Influence of Beaumont and Fletcher on Shakespeare*. New York: AMS Press, 1966.

TILLEY, M. P. *A Dictionary of the Proverbs in England in the Sixteenth and Seventeenth Centuries*. Ann Arbor: University of Michigan Press, 1950.

TURNER, Robert Kean; TATSPAUGH, Patricia. (Ed.). *The Two Noble Kinsmen by William Shakespeare and John Fletcher*. Cambridge: Cambridge University Press. 2012. The New Cambridge Shakespeare.

UPTON, Carole-Ann. (Ed.) *Moving Target*: theatre translation and cultural relocation. Manchester: St. Jerome, 2000.

VICKERS, Brian. *Shakespeare, Co-author*: a historical study of five collaborative plays. Oxford; New York: Oxford UP, 2002.

VIVIS, Anthony. The Stages of a Translation.*In*: Johnson, David (Ed.). *Stages of Translation*. [S.l.: s.n], 1996, p. 35-44.

WAITH, Eugene M. Introduction. *In*: WAITH, Eugene M. (Ed.). *The Two Noble Kinsmen by William Shakespeare and John Fletcher.*Oxford: Oxford University Press, 1989. p. 1-66. Oxford World's Classics.

WELLS, Stanley. *Shakespeare:* a bibliographical guide. New Edition. Oxford; New York:

Oxford University Press, 1990.

_____. *Shakespeare and Co. Christopher Marlowe, Thomas Dekkes, Ben Johnson, Thomas Middleton, John Fletcher and the Other Players in His Story.* London; New York: Allen Lane, 2006.

_____. *Shakespeare*: an illustrated dictionary. Revised Edition. Oxford: Oxford University Press, 1985.

_____. *Shakespeare: A Life in Drama.* New York; London: Norton, 1995.

WAITH, Eugene M. (Ed.). *The Two Noble Kinsmen by William Shakespeare and John Fletcher.* Oxford: Oxford University Press, 1989. (Oxford World's Classics).

WELLS, Stanley *et al. William Shakespeare*: a textual companion. Oxford: Clarendon Press, 1987.

WESTLAKE, J. H. J. *A Shakespeare Grammar.* Ph.D. Thesis. University of Birmingham, 1970.

WILLIAMS, Gordon. *A Dictionary of Sexual Language and Imagery in Shakespearean and Stuart Literature.* 3 vols. London; Atlantic Highlands, NJ: The Athlone Press, 1994.

WRIGHT, George T. *Shakespeare's Metrical Art.* Berkeley: University of California Press, 1988.

ZUBER-SKERRITT, Ortru. (Ed.). *The Languages of the Theatre*: problems in the translation and transposition of drama. London: Pergamon P, 1980.

ZWILLING, Carin. Parâmetros para Tradução das Canções de Shakespeare. *In*: CLOSEL, Régis Ausgustus Bars; MARIN, Ronaldo. (Org.). *Shakespeare 450 Anos.* São Paulo: BMA Edições, 2015. p. 235-254.

CADASTRO
ILUMI*N*URAS

Para receber informações
sobre nossos lançamentos e
promoções envie e-mail para:

cadastro@iluminuras.com.br

Este livro foi composto em Garamond pela *Iluminuras* e
terminou de ser impresso em abril de 2017 nas oficinas da
Copiart Gráfica, em Tubarão, SC.